은혜에서 미끄러질 때

**저자 서문**

# 구원의 은혜를 간직하며 살고 있습니까?

　불신자였던 한 사람이 예수 그리스도를 만나 신자가 된 것은 기이한 일입니다. 그러나 신자가 된 사람이 항상 충만한 은혜 안에서 살아가는 것은 더욱더 기이한 일입니다.
　제가 이러한 사실을 깨닫게 된 것은 꽤 오랜 세월 목회를 한 후였습니다. 그때부터 저는 성화와 죄에 대해 집중적으로 탐구하기 시작했습니다. 그리고 성화의 삶에 관하여 많이 설교하였습니다.

　이 책은 그즈음 설교하였던 시리즈 설교문을 근간으로 하였습니다. 당시 저는 "이제는 그것을 행하는 자가 내가 아니요 내 속에 거하는 죄니라"(롬 7:17)라는 말씀을 기초로 신자가 어떻게 은혜의 상태로부터 멀어지는지 여섯 번에 걸쳐 설교하였습니다. 물론 그때 설교하였던 원래의 내용이 이 책에 모두 담긴 것은 아닙니다. 이 책은 매우 간명하게 내용을 전달하도록 구성되었습니다.

저는 이 주제가 독자들에게 보다 선명하게 이해되고, 독자들의 실제의 삶에 보다 분명하게 적용되기를 바라는 마음으로 이 책을 쉽게 풀어썼습니다.

이 책의 굵직한 목차들은 17세기의 위대한 신학자 존 오웬(John Owen)의 책을 참고하였습니다. 저는 존 오웬의 『신자 안에 내재하는 죄』(Indwelling sin in believers)를 읽으면서 이 책의 모티브를 얻었습니다. 그러나 풀어 나간 내용들은 저의 탐구와 사유의 산물입니다.

인생에서 제일 중요한 문제는 구원을 받는 것입니다. 그리고 신앙에 있어서 가장 중요한 문제는 구원의 은혜를 간직하며 사는 것입니다. 전자는 때때로 기적같이 일어나지만, 후자는 언제나 그렇게 일어나지 않습니다.

구원의 은혜를 간직하며 사는 일은 하늘로부터 부어지는 초월적 은혜와 함께 지성을 통해 설복하는 일상적인 은혜를 동시에 필요로 합니다. 다시 말하면, 하나님의 사랑의 감화인 은혜를 간직하며 산다는 것은 매일의 삶 속에서 일방적으로 하늘에서 부어지는 하나님의 사랑도 누리고 일상의 경건 가운데 경험되는 하나님의 사랑도 누리는 삶입니다.

마음의 작용은 너무나 심오하고 비밀스럽습니다. 그래서 누구도 하나님을 다 알았다고 말할 수 없듯이, 누구도 자기 마음을 다 알았다고 장담할 수 없습니다.

  이 책은 하나님과 세상, 자신과 마음 사이에서 신앙의 길을 찾는 사람들에게 갈림길에 서 있는 이정표와 같습니다. 처음 사랑을 간직하려는 사람들이나 은혜에서 미끄러졌으나 다시 은혜로 나아가고자 하는 사람들에게 이 책을 전합니다. 눈이 아니라 마음으로 읽는다면, 기도하게 될 것입니다.

그리스도의 노예 김남준

**시작하는 글**

# 은혜에서 미끄러질 때, 거기서 길을 묻다

### 그리스도인인데 왜

세상에 참 별사람 다 있습니다. 비열한 사람도 있고, 한심한 사람도 있습니다. 슬픈 사실은 그런 사람 가운데에도 그리스도인이라 자처하는 사람이 있다는 사실입니다.

'그리스도인이 어떻게 저럴 수 있을까?' 싶습니다. 그러나 이내, 은혜가 사라지면 나도 그렇게 될 수 있음을 인정하지 않을 수 없습니다. 하나님의 은혜가 붙들어 주실 때만 그리스도인도 그리스도인다울 수 있지, 하나님의 은혜가 사라지면 우리는 모두 죄인 중의 한 명일 뿐입니다.

은혜의 상태에 있던 그리스도인이 왜 은혜에서 미끄러져 부패하게 될까요?

사실, 우리는 이미 이 문제의 답을 알고 있습니다. 그것은 바로 죄 때문입니다. 은혜는 죄를 물러가게 하고, 죄는 은혜를 물러가게 합니다.

그러므로 그리스도인의 마음에서 은혜가 사라졌다면 그것은 죄가 득세하였기 때문입니다.

그러나 이러한 단순한 이해만으로는 실제로 죄와 맞붙어 싸워야 할 때, 무엇을 경계하고 어디에 열심을 내야 할지 알 수 없습니다. 이 문제에 대해 보다 구체적인 답을 갖고 있어야, 우리는 은혜의 상태에서 뒤로 물러날 때마다 허우적거렸던 공허한 몸부림을 그치고 지속적으로 하나님의 은혜를 누리며 사는 삶으로 나아갈 수 있습니다.

### 은혜로 산다는 것은

아무리 성화되어도, 이 땅을 살아가는 그리스도인 안에는 잔존하는 죄가 있습니다. 그 죄는 예수 그리스도를 추구하는 경건한 삶의 몸부림 속에서 수많은 죄 죽임의 칼날을 피하고 살아남은 교묘한 죄입니다.

그 죄는 우리가 잠시만 믿음의 경주를 게을리하면, 그 무너진 경계의 틈 사이로 교묘하게 비집고 들어와 세력을 확장합니다. 그래서 우리를 조금씩 죄의 지배의 상태로 데려가, 첫 회심과 함께 열렸던 놀라운 은혜의 샘들을 모두 막아 버립니다.

진리의 말씀을 탐구하는 일을 게을리합니까? 열렬한 기도로 하나님 앞으로 나아가는 것이 싫습니까? 거룩한 삶을 위한 의무를 포기할 때 우리에게 돌아오는 것은 피눈물 나는 방황과 고통뿐입니다.

　마음이 갈기갈기 찢어지는 것과 같은 고통과 아픔으로 회개하여도 그것만으로 단번에 은혜의 상태가 회복되지는 않는데, 그러한 회개로 하나님 앞에 서는 사람조차 너무나 소수입니다. 많은 사람들이 하나님의 은혜를 사모하던 마음을 잃어버린 채, 교회에 왔다 갔다만 할 뿐입니다. 핍절한 영혼으로 살고 있으면서도, 가난한 마음을 상실하고 한없이 높아진 마음으로 살고 있습니다.

　처음 하나님의 은혜를 경험하던 때를 기억해 봅시다. 그때 어떤 마음으로 하나님 앞에 매달리며 하루하루를 살았습니까?

　그때 우리는 모두 상처 입은 영혼이었으며, 주님을 만나는 것 이외에는 아무것도 바라는 것이 없는 사람들이었습니다. 주님을 섬기기 위해서라면 육체의 고단함쯤은 아무것도 아니었고,

아무리 이른 새벽 아무리 늦은 저녁이어도 주님을 만나기 위해 교회로 달려오는 길은 마냥 행복했습니다. 어린아이처럼 말씀을 사모하고 주님을 사랑하는 것밖에 중요한 것은 아무것도 없었습니다.

그래서 이렇게 좋은 회심의 은혜를 아직도 모른 채 살고 있는 저 사람들을 어쩌면 좋으냐고 매일 눈물로 기도했습니다.

왜 우리는 그때 그 마음을 잃었습니까?

왜 우리의 눈은 구도를 향한 열망을 잃고, 세상 부귀와 열락을 향해 탐욕스럽게 반짝이고 있습니까?

이제 우리는 자신을 주의 깊게 돌아보며 어디에서 미끄러졌는지 생각하고 다시 은혜를 주시기를 구하여야 합니다.

**거기서 길을 묻다**

"형통한 날에는 기뻐하고 곤고한 날에는 되돌아보아라……"(전 7:14上). 이것이 오직 하나님만 바라는 구도자의 마음으로 돌아가는 첫 발걸음입니다.

이 책은 자신의 신앙을 되돌아볼 수 있는 100개의 질문들로 구성되어 있습니다. 이 책에 담긴 100가지 질문과 그 질문에 답을 할 수 있도록 독자의 생각을 이끌어 줄 묵상들은 은혜 안에 살던 신자를 은혜에서 미끄러지게 하는 요인들에 대해 깨닫고, 지금 자신의 마음 안에서 그런 위험한 일들이 일어나고 있는 것은 아닌지 돌아볼 수 있도록 도울 것입니다.

## 목차

**저자 서문** 구원의 은혜를 간직하며 살고 있습니까? 4
**시작하는 글** 은혜에서 미끄러질 때, 거기서 길을 묻다 8

## 회심을 통해 터트려지고
## 죄로 인해 막히는 은혜의 샘

| | |
|---|---|
| 영혼을 돌보기에 너무 바쁩니까? | 26 |
| 의무가 아닌 사랑에 붙들린 삶입니까? | 28 |
| 하나님의 뜻대로 살고 싶습니까? | 30 |
| 회심의 은혜를 누리고 있습니까? | 32 |
| 거듭나지 않았는데, 그저 은혜가 떨어졌을 뿐이라고 생각하는 것은 아닙니까? | 34 |
| 하나님의 용서를 개념적으로만 생각하고 있습니까? | 36 |
| 하나님의 깊은 사랑을 경험하였습니까? | 38 |
| 하나님의 영광에 대한 감각이 살아 있습니까? | 40 |
| 회심하기를 바라고 있습니까? | 42 |
| 매일 새로운 회심의 은혜를 누립니까? | 44 |
| 회심을 반복적으로 경험하고 싶습니까? | 46 |
| 자신의 구원을 낙관하고 있습니까? | 48 |
| 죄와 싸우는 것은 싫고 은혜의 경험만 바랍니까? | 50 |

| | |
|---|---|
| 구원받았는데 왜 여전히 죄가 좋을까요? | 52 |
| 하나님의 용서를 확신할 수 있습니까? | 54 |
| 교리를 알고자 애쓰고 있습니까? | 56 |
| 영혼의 상태에 대해 바로 알고 있습니까? | 58 |
| 회심의 은혜 안에 살고자 힘쓰고 있습니까? | 60 |
| 나태한 생활과 싸우고 있습니까? | 62 |
| 마음에서 일어나는 부패의 징후를 파악하고 있습니까? | 64 |
| 인생의 참된 만족이 주님께 있습니까? | 66 |
| 그리스도인다운 삶을 살고 있습니까? | 68 |
| 속이는 영에게 혹은 자기 자신에게 속고 있지 않습니까? | 70 |
| 교만한 가운데 자신의 영적 상태를 과신하고 있지는 않습니까? | 72 |
| 영혼의 싫증을 지성으로 합리화합니까? | 74 |
| 성경을 사랑하고 말씀에 순종합니까? | 76 |
| 은혜의 샘을 막는 일들에 대하여 경계합니까? | 78 |

## 은혜에서 미끄러질 때 1
## 죄를 경계하지 않을 때

| | |
|---|---:|
| 자신도 모르게 안일한 생각, 태만한 마음에 빠지지는 않습니까? | 82 |
| 교회 출석, 헌금 등 일반적 의무에만 집중할 뿐 영혼의 상태에는 무관심합니까? | 84 |
| 하나님을 향한 사랑이 삶으로 고백되고 있습니까? | 86 |
| 삶의 이유와 목적은 무엇입니까? | 88 |
| 명백히 죄임에도 불구하고 대수롭지 않게 여기는 문제는 없습니까? | 90 |
| 죄가 주는 즐거움에 빠져 있습니까? | 92 |
| 은혜가 사라져 마음이 허기질 때 어떻게 합니까? | 94 |
| 하나님이 없어 허한 마음을 죄를 통해 달래려 합니까? | 96 |
| 창조 세계의 아름다움을 묵상하며 삽니까? | 98 |
| 십자가에 대한 현재적인 감격이 있습니까? | 100 |

**은혜에서 미끄러질 때 2**
# 세상 사랑에 빠져 총명을 잃을 때

| | |
|---|---|
| 생각을 정돈하여 예배에 참석하고, 말씀이 선포될 때 집중하여 깨닫고, 그 말씀을 삶에 적용하며 살고 있습니까? | 104 |
| 나의 영혼의 기능은 건강합니까? | 106 |
| 버려야 할 생각과 취해야 할 생각을 분별하여 선택하고 있습니까? | 108 |
| 날마다 더 총명해지고 있습니까? | 110 |
| 나의 영혼은 빛 가운데 있습니까, 어두움 가운데 있습니까? | 112 |

**은혜에서 미끄러질 때 3**
# 정욕에 이끌릴 때

| | |
|---|---|
| 죄를 짓고자 하는 욕구에 어떻게 반응하고 있습니까? | 116 |
| 자주 넘어지는 부분은 무엇입니까? 그 부분을 하나님께 의뢰하고 있습니까? | 118 |
| 나를 공격하는 죄에 대해 얼마나 알고 있습니까? | 120 |
| 나도 모르게 너그러워지는 특정한 죄가 있습니까? | 122 |
| '죄송하니까 이렇게라도' 하는 보상 심리로 신앙생활하고 있습니까? | 124 |
| 특정한 욕망에 대한 옹호와 합리화가 죄로 이어진 경험이 있습니까? | 126 |
| 성화의 삶을 살아가고 있습니까? | 128 |
| 삶의 전 방면에 걸쳐 순종하고 있습니까? | 130 |

## 은혜에서 미끄러질 때 4
## 실천 없이 개념적인 지식만 쌓일 때

| | |
|---|---|
| 실제의 삶 속에서 죄와 싸우고 있습니까? | 134 |
| 왜 진리를 알고자 합니까? 지적 호기심을 충족하기 위해서입니까? | 136 |
| 날마다 더 진리를 알아 가고 있습니까? | 138 |
| 머리에 쌓인 지식이 가슴으로 내려오고 있습니까? | 140 |
| 지식을 통해 총명을 누리고 있습니까? | 142 |
| 진리에 의해 삶이 고쳐지고 있습니까? | 144 |
| 지식 때문에 교만해집니까? | 146 |
| 진리를 경험적으로 알아 가고 있습니까? | 148 |
| 어떤 예배를 드리고 있습니까? 예배가 은혜의 요람이 되고 있습니까? | 150 |
| 진리를 따라 살고자 몸부림치는 삶의 현장이 있습니까? | 152 |

**은혜에서 미끄러질 때 5**
자기 부인이 사라져 갈 때

| | |
|---|---|
| 자기의 생각과 의지를 꺾고 하나님의 뜻에 따르고자 합니까? | 156 |
| 날마다 마음을 지키려 애쓰고 있습니까? | 158 |
| 죄의 유혹을 잘 분별해 거절하고 있습니까? | 160 |
| 신앙적 의무에 대한 올곧은 인식이 있습니까? | 162 |
| 마땅히 행해야 할 의무를 상황에 따라 회피하거나 축소하고 있습니까? | 164 |
| '현실적으로'라는 핑계 뒤에 숨어 세상과 적당히 타협하고 있습니까? | 166 |
| 의무에 반하는 생각과 욕구를 의지로 통제하고 있습니까? | 168 |
| 은혜를 지속적으로 누리기 위해 의지를 활용하고 있습니까? | 170 |
| 죄라는 것을 알면서 버리지 못하는 즐거움이 있습니까? | 172 |
| 죄의 소원이 있을 때 그것을 막기 위해 어떻게 합니까? | 174 |
| 믿음이란 무엇이라고 생각합니까? | 176 |
| 나의 인생에 주신 은혜 중 가장 큰 감사의 제목은 무엇입니까? | 178 |

## 은혜에서 미끄러질 때 6
### 기도가 태만해질 때

| | |
|---|---|
| 매일 신앙을 점검하기 위해 자신에게 던지고 있는 질문은 무엇입니까? | 182 |
| 짧은 기도 생활로 만족하고 있습니까? | 184 |
| 열심히 기도하지 않으면서 달콤한 은혜만 원하고 있습니까? | 186 |
| 기도로 우리 안의 죄와 싸우고 있습니까? | 188 |
| 기도하지 않으면 갈급합니까? | 190 |
| 은혜의 불씨를 살리고자 기도에 매달리고 있습니까? | 192 |
| 마음의 깨어짐이 있는 기도를 드리고 있습니까? | 194 |
| 기도로 새롭게 되고 있습니까? | 196 |
| 누구에게나 자기 사랑은 있으나 모두가 그 사랑에 휘둘리며 살지는 않습니다. 여러분은 어떤 사랑으로 삽니까? | 198 |
| 성령님 안에서 살아가는 삶입니까? | 200 |
| 오늘도 열렬하게 기도하였습니까? | 202 |
| 일정한 시간을 기도에 바칩니까? | 204 |
| 마음 깊은 곳으로부터 우러나오는 사연으로 기도를 채우고 있습니까? | 206 |
| 충분한 시간을 기도에 바칩니까? | 208 |
| 정해진 기도의 시간과 장소가 있습니까? | 210 |
| 정직하고 진실한 삶을 살고 있습니까? | 212 |
| 마음에 깊이 잠겨 은혜에 적셔진 기도의 제목이 있습니까? | 214 |
| 마지막으로 간절하게 기도한 때가 언제입니까? | 216 |

| | |
|---|---|
| 열렬하게 기도하고 싶은 마음이 있습니까? | 218 |
| 기도 생활을 지속적으로 실천하고 있습니까? | 220 |
| 기도 생활에 게으름이 스며들지 않았습니까? | 222 |
| 거룩한 생활의 습관이 형성되어 있습니까? | 224 |
| 예수님을 위해 희생하는 생활입니까? | 226 |
| 기도해도 차가운 거절감만 느껴지지 않습니까? | 228 |
| 나태한 삶에서 벗어나고 싶습니까? | 230 |
| 기도 속에서 형성된 성품입니까? | 232 |

# 이제는 삶으로 말해야 할 때입니다

| | |
|---|---|
| 그리스도와 함께 죽고 사는 삶입니까? | 236 |
| 예수님을 닮아 가는 즐거움이 있습니까? | 238 |

**은혜 안에서 살아가기 위한
100가지 질문**

Falling Away
from
Grace

회심을 통해 터트려지고
죄로 인해 막히는 은혜의 샘

# Question 1

## 영혼을 돌보기에 너무 바쁩니까?

"여호와여 나를 살피시고 시험하사
내 뜻과 내 양심을 단련하소서"(시 26:2)

　어떤 집의 주인이 잠시 여행을 떠나게 되었다. 그는 하인을 불러 아이를 맡기며 말했다. "아기를 잘 보살피고, 아기의 옷은 늘 깨끗하게 해다오."

　이윽고 시간이 흘러, 주인이 돌아왔다. 주인을 맞으며 하인이 말했다. "주인님, 여기 아기 옷이 있습니다. 보시다시피 아기의 옷은 깨끗하게 잘 보존되어 있습니다. 제가 날마다 깨끗이 빨고 다림질했습니다. 그러나 죄송하게도 아기는 어디 있는지 모르겠습니다."

　영혼이 은혜에서 멀어져 마음이 부패해졌는데도 육신의 생활에만 관심을 기울이는 그리스도인이나, 아기가 없어졌는데도 아기 옷만 챙기고 있는 하인이나 오십 보 백 보 아닐까? 그들도 나중에 하나님 앞에 섰을 때, 이렇게 고백할 것이다. "저는 열심히 살아서 화려한 옷과 좋은 차와 큰 집을 얻었습니다. 사람들의 칭찬도 많이 받았습니다. 그러나 제 영혼이 어떻게 되었는지는 잘 모르겠습니다."

신앙은 하나님의 관점을 받아들이는 것이다. 하나님은 물론 세계와 인간, 자신의 인생 가운데 일어나는 희로애락의 사건들을 하나님의 관점에서 생각하는 것이다. 하나님께서 인간에게 바라시는 것 중 가장 중요한 것이 관계이다. 인간에게 영혼을 주신 것은 하나님과 사람을 사랑하게 하기 위해서였다. 인간의 행복이 거기에 있다. 그러므로 영혼이 건강하고 잘되는 것만큼 인생에 있어 중요한 문제는 없다.

### ◆ 자기를 들여다보고 답하기

하나님께서 은혜를 더 많이 부어 주시기만 바랄 뿐, 마음이 은혜로 충만하게 하기 위해 애쓰지 않습니까? 바쁘다는 핑계로 마음이 부패해지는 것을 방치한다면, 하나님 앞에 서게 되는 날 가슴을 치며 후회하게 될 것입니다.

## Question 2

# 의무가 아닌 사랑에 붙들린 삶입니까?

"그리스도의 사랑이 우리를 강권하시는도다……"(고후 5:14)

　찰스 스펄전은 17세에 목사가 되어 57세에 생을 마감하기까지 분투하며 살았다. 그만큼 쉴 새 없이 바쁘게 하나님을 섬겼던 사람도 흔치 않을 것이다. 그러나 많은 일을 했음에도 불구하고, 그는 결코 일에 사로잡혀 살지 않았다. 병약한 부인을 뒤로하고 먼저 하나님의 부르심을 받던 순간, 그는 이렇게 말했다. "여보, 나는 사는 동안 그분과 함께 행복한 나날을 보냈다오."

　일을 붙들고 산 사람들은 일의 성패에 따라 요동하고, 사람에 매여 산 사람은 관계 때문에 상처를 받는다. 그러나 하나님을 향한 사랑이 인생의 동기인 사람은 어떠한 역경에도 요동하지 않는다. 죽음조차 그들에게는 하나님을 향한 일생의 그리움이 실현되는 행복한 시간일 뿐이다. 하나님께서 언제나 거기 계셔서 사랑하시기 때문이다.

　정말 중요한 것은 얼마나 유능하냐, 얼마나 많은 성과를 냈냐가 아니다. 무슨 동기로 그 일을 하느냐다. 그런데 우리는 이것을 잊어버릴 때가 많다. 특히 은혜가 사라졌을 때, 더더욱 그러하다.

은혜의 경험이 가변적이듯, 의무의 이행도 가변적이다. 은혜가 떨어지면 의무도 소홀히 하게 되는 것이다. 그러나 신앙생활은 은혜가 있으면 있어서, 은혜가 없으면 없어서 더욱 은혜를 갈망해야 한다. 하나님의 충만한 사랑 안에서 생명력 있는 삶을 살도록…….

 **자기를 들여다보고 답하기**

무엇에 얽매여 사십니까? 우리가 얽매여 있어야 할 것은 하나님을 향한 애끓는 사랑뿐입니다.

## Question 3

# 하나님의 뜻대로 살고 싶습니까?

"이르되 여러분이여 어찌하여 이러한 일을 하느냐
우리도 여러분과 같은 성정을 가진 사람이라
여러분에게 복음을 전하는 것은 이런 헛된 일을 버리고 천지와 바다와 그 가운데
만유를 지으시고 살아 계신 하나님께로 돌아오게 함이라"(행 14:15)

인생길에는 두 방향밖에 없다. 하나님을 향하여 살거나 하나님을 등지고 사는 것이다.

회심이란 신자의 마음과 의식에서 일어나는 일로, 말씀과 성령으로써 삶의 방향을 죄로부터 돌이켜 하나님을 향하게 되는 것이다. 그런데 이 회심은 우리의 구원과 관련하여 언급될 때가 있는가 하면, 성화(聖化)와 관련되어 거론될 때도 있다. 구원과 관련하여 말할 때의 회심은 일회적인 것이지만, 성화와 관련하여 말할 때의 회심은 반복적인 것이다.

그러면 회심이란 구체적으로 무엇일까? 회심의 소극적 측면은 자신의 죄에 대한 회개이고, 적극적 측면은 예수 그리스도를 향한 믿음이다. 회개가 죄에 대한 진실한 참회라면 믿음은 하나님을 향한 전적인 의지로, 우리는 회심을 통해 진정한 하나님의

자녀의 삶을 시작하게 된다.

회심은 참된 신앙적 삶의 의식적인 시작점인 동시에, 우리로 하여금 하나님께서 당신의 자녀들에게 약속하신 선물들을 누리게 하는 계기이다. 그래서 사도 바울은 순교가 기다리고 있을 예루살렘으로 올라가기 전, 이렇게 말했다. "내가 항상 여러분 가운데서 어떻게 행하였는지를 여러분도 아는 바니……유익한 것은 무엇이든지……거리낌이 없이 여러분에게 전하여 가르치고 유대인과 헬라인들에게 하나님께 대한 회개와 우리 주 예수 그리스도께 대한 믿음을 증언한 것이라"(행 20:18-21).

바울이 회개와 믿음을 전했던 것은 그의 소망이 그가 만나는 영혼들의 회심이었기 때문이다.

### ◆ 자기를 들여다보고 답하기

무엇을 바라보고 사십니까? 하나님을 향하여 살아가는 일, 그것이 바로 신앙생활입니다.

## Question 4

# 회심의 은혜를 누리고 있습니까?

"형제들아 내가 그리스도 예수 우리 주 안에서 가진 바
너희에 대한 나의 자랑을 두고 단언하노니 나는 날마다 죽노라"(고전 15:31)

좁은 의미의 회심(구원에 이르는 회심)은 일생에 단 한 번만 일어나는 사건으로, 중생의 결과로 온다. 반대로 넓은 의미의 회심(성화에 이르는 회심)은 좁은 의미의 회심의 의식적 반복이다.

중생을 통해 새로운 피조물이 되었다는 것은 죄가 모두 사라져 버렸다는 의미가 아니다. 죄의 법과 원리는 파괴되었으나, 여전히 죄가 남아 있다. 그 죄는 신자의 일생 동안 성화의 과정을 통해 해결되어야 한다. 우리가 죄를 이기며 살기 위해서는 자기 깨어짐을 통해 경험하는 반복적인 회심이 필요한 이유가 바로 이 때문이다.

그러므로 신앙생활의 핵심적인 과제는 첫째 회심하는 것이고, 둘째 그 회심을 어떻게든 보존하며 사는 것이다. 그러면 어떻게 해야 회심을 보존하며 살 수 있을까?

누가복음 18장에서 세리는 멀리 선 채, 면목이 없어 감히 하늘

을 우러러보지도 못하고 이렇게 기도한다. "하나님 나를 불쌍히 여겨 주세요. 나는 죄인입니다"(눅 18:13). 반면 바리새인은 "나는 이 세리와 같지 않으니 감사합니다. 나는 이레에 두 번씩 금식하고 또 소득의 십일조를 드립니다."라고 기도한다(눅 18:11-12).

하나님께서 이 둘 중에서 세리를 더 의롭다 하신 것은 바리새인에게서는 하나님을 향한 그 어떤 의존의 마음도 읽을 수 없었지만, 세리에게서는 하나님만을 의지하는 마음을 보셨기 때문이다. 믿음은 절대적인 의존을 동반한다.

### ◆ 자기를 들여다보고 답하기

> 신앙생활의 핵심 과제는 첫째 회심하는 것이고, 둘째 그 회심을 매일 반복적으로 누리며 사는 것입니다.

## Question 5

# 거듭나지 않았는데,
# 그저 은혜가 떨어졌을 뿐이라고
# 생각하는 것은 아닙니까?

"그런즉 누구든지 그리스도 안에 있으면 새로운 피조물이라 이전 것은 지나갔으니 보라 새 것이 되었도다"(고후 5:17)

첫 회심이 "빛이 있으라" 말씀하시니 세상에 빛이 들어온 사건과 같다면, 이후에 반복되는 회심은 "저녁이 되고 아침이 되는" 사건과 같다(창 1:3, 5).

존 오웬은 첫 회심을 "하늘이 열리고 샘이 터지는 것"이라고 표현했다. 이것은 노아의 홍수를 염두에 둔 표현이다. 하늘을 열어 위에서 쏟아붓고 샘을 터트려 밑에서 솟아나게 하여 이전 것을 모두 덮어 버리는 것, 이것이 바로 첫 회심인 것이다.

첫 회심 때에는 하늘이 열리면서 하나님의 은혜가 물 붓듯 부어지며, 즉시 은혜의 지배로 들어간다. 우리의 내면에서는 신령한 것들에 대한 감각이 살아나고, 이전에는 상상조차 할 수 없었던 기쁨이 넘쳐난다.

회심 이전에는 하나님과의 관계가 회복되는 것이 얼마나 복된 일인지 알지 못한다. 인간이 불행한 근본적인 원인을 죄로 인한 하나님과의 단절이 아니라 이 땅의 유한한 자원을 조금 소유한 데서 찾기 때문이다.

그런데 첫 회심을 통해 죄, 용서, 사랑, 영광, 은혜에 대한 신령한 감각이 생겨나면, 이전까지 자신을 지탱해 오던 세상적인 가치관이 무너지고 하나님 중심적인 새로운 가치관이 세워진다. 그리고 하늘 자원으로 살아가는 행복이야말로 그 무엇과도 바꿀 수 없는 인생의 참된 가치임을 깨닫게 된다.

그래서 회심 이후에 태만과 부패로 인해 신령한 것들에 대한 예민한 감각을 잃어버리게 되면, 인간은 다시 고통을 느낀다.

### ◆ 자기를 들여다보고 답하기

> 하나님의 생명의 증거가 거의 나타나지 않는 삶을 살면서도 자신의 영혼의 상태에 대한 진지한 성찰이나 근심이 없다면, 자신의 구원의 문제를 좀 더 정직하게 고민해 보아야 합니다.

## Question 6

# 하나님의 용서를
# 개념적으로만 생각하고 있습니까?

"주는 선하사 사죄하기를 즐거워하시며 주께 부르짖는 자에게
인자함이 후하심이니이다"(시 86:5)

　설교자 캠벨은 젊은 시절, 제2차 세계 대전에 참전하였다. 용맹하게 싸워 무공 훈장까지 받았으나, 사실 그는 자신이 전투 중 죽인 앳된 적군의 얼굴이 떠올라 제대로 잠을 잘 수 없었다.
　견디다 못한 그는 군목을 찾아가 상담했다. 군목은 "예수님께서도 가이사의 것은 가이사에게 돌려주라고 하셨으니, 그 훈장을 반납하십시오."라고 조언했다. 그러나 캠벨은 마음이 편안해지지 않았다. 그래서 또 다른 군목을 찾아갔다. 그 군목은 "믿는 사람들은 군병 같으니"라고 외치며, 그런 고민은 떨쳐 버리고 더욱 용맹해지라고 충고했다. 여전히 마음의 평화를 찾을 수 없었던 캠벨은 또 다른 군목을 찾아갔다.
　그 군목은 캠벨의 고민을 조용히 경청했다. 그리고 캠벨의 이야기가 끝나자, 아무 말도 하지 않고 눈물을 흘리며 캠벨을 안아

주었다. 그 군목의 품에서 캠벨은 한참 동안 울었다. 캠벨의 울음이 잦아들자, 군목은 말했다. "주님께서는 이미 당신을 용서하셨습니다." 캠벨은 그제서야 마음에 평화가 찾아온 것을 느낄 수 있었다.

용서의 은혜는 이해와 설득을 통해 오는 것이 아니라 하나님의 용서하시는 사랑이 영적으로 경험됨으로써 누리게 된다. 그래서 참된 그리스도인에게는 언제나 자신이 용서받은 죄인일 뿐이라는 인식이 있다. 이 사죄에 대한 감각은 첫 회심의 때에 탁월하게 깨어난다. 첫 회심 이전에는 정죄의 경험만 있을 뿐, 사죄의 기쁨은 없다. 그러나 회심하게 되면, 죄에서 해방된 놀라운 기쁨이 넘쳐난다.

### ◆ 자기를 들여다보고 답하기

첫 회심이 가져오는 놀라운 축복은 세 가지 신령한 감각이 생겨나는 것입니다. 첫 번째는 하나님의 용서가 경험되면서, 죄를 벗고 홀가분해지는 해방의 기쁨이 주어집니다.

## Question 7

# 하나님의 깊은 사랑을 경험하였습니까?

"사랑은 하나님께 속한 것이니
사랑하는 자마다 하나님으로부터 나서 하나님을 알고"(요일 4:7下)

    첫 회심은 크게 세 가지 감각을 깨어나게 한다. 바로 하나님의 용서에 대한 감각, 하나님의 사랑에 대한 감각, 하나님의 영광에 대한 감각이다.

    본질적으로 하나님의 사랑은 죄로 물든 인간의 본성과는 너무나 이질적인 것이어서, 제아무리 좋은 성품의 사람이라 할지라도 회심 이전에는 결코 그것이 어떤 것인지 짐작조차 할 수가 없다.

    이 사랑의 경험은 죄에 대한 용서의 경험과 깊이 연관되어 있다. 만약 여러분이 누군가에게 잘못을 저질렀다고 치자. "다 잊어 줄 테니, 우리 이제 서로 보지 말자."라는 말을 듣는다면, 용서받았다고 느낄 수 있을까? 용서는 사랑을 통해 확인된다. 그래서 첫 회심을 통해 하나님의 용서를 확신하게 된 사람들에게는 하나님의 사랑을 받고 있다는 놀라운 감각도 생겨난다.

하지만 첫 회심의 때에 되찾게 된 하나님의 사랑에 대한 탁월한 감각은 신자가 그 이후에 어떻게 살아가느냐에 따라 유지되기도 하고 둔해지기도 한다. 안일하고 태만한 신앙생활은 그리스도인으로 하여금 영혼의 고통과 슬픔을 느끼게 한다. 그런데 은혜에서 계속 멀어져 있으면, 마음은 더욱 굳어지고 무감각해지고 만다.

하나님의 사랑을 아는 감각을 잃어버린 그리스도인 가운데 종종 평안하다고 느끼는 사람도 있다. 이러한 무감각한 평온은 죄에 굴복한 데서 오는 일시적인 것이다. 거듭난 사람은 결코 하나님의 사랑을 잃어버린 상태에서 지속적으로 평안과 만족을 누릴 수 없다.

### ◆ 자기를 들여다보고 답하기

첫 회심 후 생겨나는 세 가지 신령한 감각 중 두 번째는 하나님의 사랑에 대한 감각입니다.

## Question 8

# 하나님의 영광에 대한 감각이 살아 있습니까?

"하나님이여 주는 하늘 위에 높이 들리시며
주의 영광이 온 세계 위에 높아지기를 원하나이다"(시 57:5)

첫 회심의 시기에 깨어나는 또 하나의 감각은 하나님의 영광에 대한 감각이다. 이것은 하나님이 탁월하고 거룩한 분이시기에 아무것도 그분과 비교할 수 없음을 느끼는 감각이다. 이로써 신자는 하나님 이외의 모든 것은 헛되고 하찮을 뿐임을 깨닫고, 하나님을 중심으로 모든 사물의 존재와 가치의 질서를 재편한다. 그래서 이 하나님의 영광에 대한 감각이 살아 있는 그리스도인은 이 세상에 살지만 하늘에 속한 사람으로서 산다.

하나님의 영광에 대한 감각이 살아나면, 신자는 하나님이 지극히 거룩하고 영광스러운 존재이심을 알 뿐 아니라, 그분의 영광이 세상에 더욱 찬란하게 드러나기를 갈망하게 된다. 그래서 하나님의 영광에 대한 감각이 살아 있는지를 알아볼 수 있는 시금석(試金石)은 하나님을 멸시하며 살아가는 사람들을 보며 얼마나 가슴 아파하는가이다.

또한 첫 회심을 통해 하나님의 영광에 대한 감각이 살아나면, 자기 자신을 중요한 존재로 여기던 옛 생각의 체계를 버리게 된다. 사실 우리가 창조의 목적을 따라 살지 못하는 가장 큰 이유는 자기 자신을 온 우주의 중심으로 생각하기 때문이다.

우리의 인생이 의미 있게 되는 유일한 길은 하나님을 향하여 사는 것이다. 영광의 하나님을 알며, 하나님의 영광을 세상에 가득 드러내는 삶을 살아가는 것이다. 이것을 우리는 하나님께 영광 돌리는 삶이라고 말한다.

### ◆ 자기를 들여다보고 답하기

첫 회심 후 생겨나는 세 가지 신령한 감각 중 세 번째는 하나님의 영광에 대한 감각입니다. 하나님의 영광을 인정하지 않는 세상을 보며 가슴 아파합니까?

## Question 9

# 회심하기를 바라고 있습니까?

"성령이 친히 우리의 영과 더불어
우리가 하나님의 자녀인 것을 증언하시나니"(롬 8:16)

　첫 회심과 이후의 회심은 어떤 점에서 같고, 또 어떤 점에서 차이가 있을까? 먼저 이 둘 사이의 공통점은 성령님께서 선도적으로 일하시는 사역이라는 것이다.

　성경을 여러 민족의 언어로 번역할 때, 가장 번역하기 어려운 단어가 성령님을 가리키는 '보혜사'(保惠師)였다고 한다. '보혜사'는 헬라어로 '파라클레토스'인데, 이는 '안위하는 자', '훈계하는 자', '중재하는 자', '도와주는 자' 등 그 뜻이 매우 풍부하다.

　그래서 각 언어권마다 다른 표현으로 이 단어를 번역하고 있다. 필리핀 남부의 어느 부족은 '계속하여 옆에 서서 같이 가시는 분'으로, 중앙 멕시코의 한 인디언 부족은 '우리 영혼에 따스함을 주시는 분'으로, 그리고 서아프리카 코트디부아르 공화국의 어떤 부족은 '생각을 꽉 동여매시는 이'라고 성령님을 표현하였다.

　저마다 표현 방식은 다르지만, 이 모든 번역에는 공통적으로 성령님이 없이는 그 누구도 신자다운 삶을 살 수 없다는 생각이 깔려 있다. 신자가 하나님을 영화롭게 하는 삶을 살아가는 것은 자기 자신의 노력으로 되는 일이 아니라 성령님의 도우심으로 되는 일이다. 따라서 성령님을 의지하지 않고 인간적 수단, 노력, 분투, 결의만으로 거룩한 삶을 살려는 시도는 덧없다. 거룩하게 하시는 일의 주도권이 성령님께 있기 때문이다.

그러나 회심의 주도권이 성령님께 있다는 것은 성령님께서 선도적으로 일하신다는 개념이지, 성령님께서 혼자 일하신다는 의미는 아니다. 성령님의 역사는 인간의 의지를 사랑으로 감화시켜 협력하게 하는 방식으로 일어난다. 회개하려는 자에게 회개를, 사랑하려는 자에게 사랑을 주시는 것이다.

### ◆ 자기를 들여다보고 답하기

회심의 신비는 이것이니, 만약 회심하였다면 그것은 모두 하나님의 은혜요, 아직 회심하지 못하였다면 그것은 모두 자신의 책임이라는 사실입니다.

## Question 10

# 매일 새로운 회심의 은혜를 누립니까?

"오직 오늘이라 일컫는 동안에 매일 피차 권면하여
너희 중에 누구든지 죄의 유혹으로 완고하게 되지 않도록 하라"(히 3:13)

어느 날 아침, 두 사람이 일어났다. 둘 다 크게 기지개를 켜고 함께 눈을 뜬 후 몸을 일으켰다. 그런데 이 광경을 목격한 사람들은 두 사람이 동시에 깨어났음에도 불구하고, 전혀 다르게 반응하였다. 한 사람은 자다 깨어난 사람이었으나, 다른 한 사람은 죽었다 살아난 사람이었기 때문이다.

첫 회심과 이후의 회심은 그것이 무엇으로부터의 돌이킴이냐 하는 것에 있어서 매우 큰 차이를 갖는다. 첫 회심은 죽음의 상태로부터의 돌이킴이지만, 이후의 회심은 잠시 잠들어 있는 상태로부터의 돌이킴이다. 첫 회심이 빛이라고는 하나도 없는 곳에 빛을 비춘 사건이라면, 이후의 회심은 어둑어둑해진 곳에 다시 밝은 빛을 비춘 사건이라고 할 수 있다.

첫 회심은 우리의 영혼에 새로운 생명을 부여하는 놀라운 사건이지만, 영혼이 끊임없이 쇄신되는 가운데 그것을 지키기 위해서는 거룩하게 하시는 성령님의 역사에 순종함으로 참여하는 꾸준한 노력이 동반되어야만 한다. 강렬한 첫 회심의 경험을 소유했음에도 불구하고, 이름뿐인 그리스도인으로 살아가는 사람들이 많다. 회심의 반복적인 경험이 부족하기 때문이다.

한때 아무리 하나님을 열렬히 사랑했다 할지라도 지금은 죄를 사랑하고 있을 수 있다. 이것은 우리 안에 남은 원죄, 곧 부패성 때문이다. 따라서 우리에게는 강렬한 첫 회심뿐 아니라 그 회심의 반복적인 경험도 필요하다. 늘 회심의 은혜를 간직하고 살아야만 승리하는 삶을 살 수 있기 때문이다.

### ◆ 자기를 들여다보고 답하기

첫 회심은 죽어 있던 영혼에 하나님의 새 생명이 주어지는 것으로 일회적인 사건입니다. 반면 이후의 회심은 첫 회심을 통해 이미 누린 새 생명의 축복을 반복적으로 다시 갱신하여 누리는 사건입니다.

## Question 11

# 회심을 반복적으로 경험하고 싶습니까?

"너희는 이 세대를 본받지 말고 오직 마음을 새롭게 함으로 변화를 받아
하나님의 선하시고 기뻐하시고 온전하신 뜻이 무엇인지
분별하도록 하라"(롬 12:2)

첫 회심은 우리를 단번에 은혜의 지배 속으로 데려간다. 그런데 이후의 회심은 그렇지 않다. 다시 진실하게 회개하고 하나님께로 기도가 힘차게 올라가는 경험을 할지라도, 그것만으로 단번에 은혜의 지배가 회복되지는 않는다. 마음의 성향이 되어 버린 악한 경향성 때문이다. 신자에게 죄 죽임을 위한 실천적인 노력과 분투가 필요한 것은 이 때문이다.

죄의 지배로 형성된 모든 마음의 그릇된 틀들이 무너지고 성령님의 은혜로 매일매일 쇄신되어 은혜의 틀이 다시 내면에 세워져야 한다.

죄의 공격을 받을 뿐 여전히 은혜의 지배는 굳건한 상태라면, 한 번의 진실한 기도를 통해서도 마음의 유혹들을 털어 낼 수 있다. 그러나 이미 은혜의 지배가 무너져 죄가 융성해져 있다면, 한두 번의 참회의 기도로 모든 것이 변하지는 않는다. 단, 그런

기도를 발판으로 다시 일어나 죄의 지배에 대항할 수 있다.

새로운 회심의 경험은 죄에 대항하여 싸울 교두보를 확보해 준다. 암벽을 탈 때, 방심하여 발을 잘못 딛으면 주르륵 미끄러진다. 그런데 그때 뭔가 단단한 디딤돌을 만나면 미끄러짐을 멈출 수 있다. 물론 미끄러짐이 멈추었다고 해서 당장 높은 곳으로 자동적으로 끌어올려지는 것은 아니다. 그러나 발판만 탄탄하면 그것을 딛고 다시 위로 올라갈 수 있다.

그리스도인에게 반복되는 회심의 경험은 죄와 맞붙어 싸울 수 있는 좋은 디딤돌이 되어 준다.

### ◆ 자기를 들여다보고 답하기

> 첫 회심은 우리의 마음 안에 즉각적으로 은혜의 지배를 확립하나, 이후의 회심은 은혜의 지배로 들어갈 기회를 제공할 뿐입니다.

## Question 12

# 자신의 구원을 낙관하고 있습니까?

예수께서 대답하여 이르시되 진실로 진실로 네게 이르노니
사람이 거듭나지 아니하면 하나님의 나라를 볼 수 없느니라"(요 3:3)

박제된 새는 아무리 날개가 크고 털빛이 고와도 창공을 날 수 없다. 마찬가지로 중생을 경험하지 못한 영혼은 회심할 수도, 성화의 삶을 살아갈 수도 없다.

많은 사람들이 중생 없이 회심을 추구하는 오류를 범한다. 한때 누린 도덕적인 감화나 신비한 체험을 중생으로 오인하기 때문이다.

중생은 죽었던 영혼이 다시 살아나는 것으로, 나를 사랑하던 사람의 본성이 하나님을 사랑하는 본성으로 변하는 것이다. 하나님께서는 중생을 통해 우리 안에 새 생명의 원리를 심으시고 성령님의 은혜를 주입하신다. 따라서 중생을 경험하지 못한 사람은 아무리 죄를 죽이며 거룩한 삶을 살려고 애를 써도 결코 그렇게 살 수 없다.

자신이 거듭나지 않은 것도 모른 채, 왜 자신은 죄를 죽일 수

없는지 고민하고 있지는 않는가? 거듭나지 않은 상태의 사람이 구해야 할 것은 거룩해지는 것이 아니라 거듭나는 것이다.

거듭나지 않은 사람이 회심을 추구하는 것은 죽은 사람이 예뻐지기 위해 노력하는 것만큼이나 의미 없는 것이다. 사람이 예쁘다는 것은 생명 있음을 전제로 한 것이기 때문이다. 그러므로 자신이 진정으로 구원받았는지 확인하라. 죽은 영혼으로는 그리스도인의 삶을 살 수 없다.

### ◆ 자기를 들여다보고 답하기

죄를 죽이고 거룩한 삶을 사는 일은 오직 거듭난 사람에게만 가능합니다. 거듭나지 않은 채 성화를 추구하며 산다면, 그의 신앙생활은 열매 없이 혼란만이 가득할 것입니다.

## Question 13

# 죄와 싸우는 것은 싫고
# 은혜의 경험만 바랍니까?

"그의 힘의 위력으로 역사하심을 따라 믿는 우리에게 베푸신 능력의
지극히 크심이 어떠한 것을 너희로 알게 하시기를 구하노라"(엡 1:19)

언젠가 한 청년이 물었다. "말씀의 빛을 받고 가슴이 찢기는 듯한 아픔으로 죄를 회개했습니다. 하나님께서는 분명 제게 은혜를 주셨고 제 기도를 들으셨는데, 이상합니다. 처음 회심을 경험했던 때처럼 마음에 강력한 변화가 일어나지 않습니다. 왜 그런 거죠?"

진실한 회심을 경험했다 할지라도, 그 회심을 주춧돌 삼아 자기를 부인하고 거룩한 의무에 힘쓰지 않는다면, 하나님의 쏟아부어지는 사랑과 그분과 나누는 친밀한 교감을 예전처럼 강하게 느끼지 못할 수도 있다. 어린아이는 사탕이나 장난감 하나만으로도 한없는 행복을 누린다. 그러나 성장하면 할수록 행복의 조건들은 복잡해진다. 신앙의 세계에서도 마찬가지다. 갓 회심했을 때는 하나님께서 나를 사랑하신다는 사실 하나만으로도 온

세상을 가진 듯한 행복과 희열을 느끼지만, 신앙이 자라 가면 아무리 하나님의 사랑을 확신해도 거룩해지지 않고는 행복할 수 없다. 이것이 진정한 영적 성장의 한 국면이다.

분명한 회심을 경험했는데도 하나님과의 친밀한 교제와 동행이 느껴지지 않는다면, 그것은 회심의 강도의 문제가 아니라 청산되지 않은 자신의 부패의 문제이다. 자신에게 죄가 많음을 깨닫는 것과 그 많은 죄를 청산하는 것은 별개의 일이다. 첫 회심의 때에는 강권적인 은혜로 이 두 가지 일이 동시에 일어나지만, 이후의 회심에서는 그렇지 않은 경우가 많다.

 **자기를 들여다보고 답하기**

일단, 죄와 죽기까지 싸워 이겨 보십시오. 신앙의 도약은 여기서 시작됩니다.

## Question 14

# 구원받았는데 왜 여전히 죄가 좋을까요?

"그러므로 너희가 회개하고 돌이켜 너희 죄 없이 함을 받으라
이같이 하면 새롭게 되는 날이 주 앞으로부터 이를 것이요"(행 3:19)

이후의 회심의 경우, 진실한 회심을 경험했다 할지라도 첫 회심과 달리 죄에서 돌이키는 일이 매우 힘들 때가 있다. 그래서 어떤 그리스도인은 뚜렷하게 죄로부터 돌이켜지지 않는 자신을 보며 혼란을 느끼기도 한다. 그러나 이것은 이상한 일이 아니다. 그리스도인이 성화의 여정에서 만나는 죄는 단칼에 쳐낼 수 있는 것이 아니라 끊임없이 싸우며 거룩함을 좇는 생활을 통해 이길 수 있는 것이기 때문이다.

죄가 나를 강력하게 붙잡으면, 나는 더욱 강력하게 그것을 뿌리치면 된다. 문제는 그리스도인들이 그렇게 하려고 하지 않는데 있지, 성화의 과정에서 경험하는 회심이 강도가 약해서가 아니다.

첫 회심의 경우 대개 삶이 단번에 돌이켜지지만, 이후의 회심은 분투하는 성화의 실천 속에서만 실제적인 돌이킴으로 이어지

는 경우가 많다. 이것은 첫 회심은 우리에게 그리스도인이 되는 것이 무엇인지를 보여주지만, 이후의 회심은 우리에게 지속적으로 그리스도인답게 살아 나간다는 것이 무엇인지를 가르쳐 주기 때문이다.

결국 부족한 것은 하나님의 은혜가 아니다. 부패한 본성과 악한 게으름을 이기고, 어떻게든 거룩한 삶을 살아가고자 하는 나의 의지이다.

### 자기를 들여다보고 답하기

죄가 소름 끼치게 싫기만 하다면 얼마나 좋을까요? 그러나 어떤 죄는 신자에게도 너무나 유혹적으로 다가옵니다.

## Question 15

# 하나님의 용서를 확신할 수 있습니까?

"우리는 그리스도 안에서 그의 은혜의 풍성함을 따라
그의 피로 말미암아 속량 곧 죄 사함을 받았느니라"(엡 1:7)

회심했는데도 하나님께서 용서해 주셨다는 확신이 들지 않을 때가 있다. 이것은 하나님과의 사랑의 관계가 아직 회복되지 않았기 때문이다.

공놀이를 하다가 아버지가 아끼던 도자기를 깨트렸다고 가정해 보자. 아버지가 퇴근해서 돌아오실 때까지 '내가 왜 공놀이를 했을까? 아니 하필이면 공을 왜 그쪽으로 던졌을까?'라며 후회하고 또 후회할 것이다.

그런데 퇴근하신 아버지는 무섭게 혼내는 대신 "이제 다시는 집 안에서 공놀이를 하지 말거라. 네가 다치지 않았으니 됐다. 도자기도 귀하다만, 너보다 더 귀중하지는 않단다."라고 하시며 안아 주셨다. 그 순간 하루종일 두려움에 떨던 마음은 눈 녹듯 녹지 않겠는가! 이것이 바로 용서이다.

만약 아버지가 눈길조차 제대로 주지 않은 채 냉랭한 목소리로 "이왕 깨진 거 어쩌겠니? 됐다." 하시고 방으로 휙 들어가셨다면 어땠을까? 마음의 평화와 행복을 되찾을 수 있었을까?

용서는 선언으로 경험되는 것이 아니라, 사랑으로 확인되는 것이다. 그러므로 회심했는데도 용서받은 확신이 없는 것은 여전히 하나님과의 사랑의 관계에서 멀어진 채 살고 있기 때문이다. 하나님의 자녀들은 법적으로뿐 아니라 실제적으로 그분의 사랑을 경험해야 한다. 신자 안에 있는 은혜는 용서를 통한 사랑의 경험을 풍성하게 한다.

### ◆ 자기를 들여다보고 답하기

용서의 확신은 사랑의 관계가 회복됨으로써 옵니다. 그러므로 용서의 확신을 누리려면 먼저 우리의 마음 안에서 죄의 실제적인 지배력이 사라지고 은혜의 강력한 지배력이 굳건해야 합니다.

## Question 16

# 교리를 알고자 애쓰고 있습니까?

"내가 나의 행위를 아뢰매 주께서 내게 응답하셨사오니
주의 율례들을 내게 가르치소서"(시 119:26)

그리스도인의 삶은 치열한 전쟁터이다. 따라서 죽은 후에 하나님 나라로 가기 전까지 그리스도인의 손에는 언제나 무기가 들려 있어야 한다. 교리에 대한 선명한 지식은 그리스도인이 소유해야 할 최고의 무기 가운데 하나이다. 교리는 성경으로부터 와서 성경을 통해 하나님과 세계와 인간을 보게 한다.

교리에 대해 얼마나 알고 있는가? 신앙생활이 깊어지면 깊어질수록, 죄도 교묘해진다. 그러므로 우리에게는 날이 갈수록 더 강력하고 예리한 지식이 필요하다.

하나님의 말씀을 공부하고, 자신을 거룩하게 하는 복음의 교리를 진지하게 배워 가는 일에 얼마나 열심을 내고 있는가? 진리에 대해 더 이상 알려 하지 않는 그리스도인의 두 눈은 세상 사랑과 육체의 정욕에 대해서 빛나기 마련이다. 그러므로 성도의 손에는 끊임없이 하나님의 말씀이 들려 있어야 한다. 그리고 성도의 가슴 속에서는 계속해서 하나님의 말씀이 살아 역사해야 한다. 그래서 머리에 있는 하나님의 말씀이 계속 가슴으로 내려오고 삶으로 표출되어야 한다.

그리스도인이 진리에 대한 총기 어린 눈망울을 잃어버릴 때, 그의 내면은 혼란스러워지고 이 틈을 타서 죄는 번성하기에 유리해진다.

### ◆ 자기를 들여다보고 답하기

거룩한 그리스도인의 눈은 진리에 대한 갈망으로 초롱초롱 빛납니다. 교리에 관한 선명한 지식은 우리의 영혼을 보호하는 강력하고도 예리한 무기입니다.

## Question 17

# 영혼의 상태에 대해 바로 알고 있습니까?

"지혜의 오묘함으로 네게 보이시기를 원하노니
이는 그의 지식이 광대하심이라
하나님께서 너로 하여금 너의 죄를 잊게 하여 주셨음을 알라"(욥 11:6)

병을 고치려면, 먼저 자신이 어디가 어떻게 얼마나 아픈지를 정확히 알아야 한다.

어느 시골에 수염을 길게 기른 할아버지가 살았다. 어느 날, 동네 꼬마가 물었다. "할아버지! 주무실 때 수염을 이불 속에 넣고 주무시나요, 아니면 이불 위로 꺼내 두고 주무시나요?" 예상치 못한 질문에 할아버지는 "나도 잘 모르겠구나. 오늘 하룻밤 자 보고 대답해 주마."라고 약속했다. 그런데 그날 밤 할아버지는 밤새 수염과 씨름했다. 수염을 이불 속에 넣으면 답답하고 끄집어내면 써늘하여 잠을 이룰 수 없었던 것이다.

몇 십 년을 달고 살았으나 이불 속에 넣어야 하는지 밖에 내놓아야 하는지 알지 못했던 할아버지의 모습을 생각해 보라. 우리는 여기서 자신의 영혼의 상태가 하나님의 은혜 안에 있는지 은혜 밖에 있는지 정확하게 인식하지 못하고 살아가는 우리의 모습을 본다.

 그런데 이렇게 자신의 영적 상태가 어떠한지조차 종잡을 수 없다면, 어찌해야 할까? 먼저 자신의 영혼의 상태를 잘 진단할 수 있는 사람에게 가서 진단을 받아야 한다. 하나님의 말씀 앞에 자신을 비춰 보고 자기의 상태를 직접 깨달을 수 있다면 좋겠지만, 이런 상태의 그리스도인이 그렇게 하기란 쉽지 않다. 그러므로 영적인 경험이 많고 정확하게 말씀을 분별해서 조언해 줄 수 있는 신앙의 선배나 목자를 찾아가 자신의 영혼의 상태에 대해 상담한다면 도움이 될 것이다.

### ◆ 자기를 들여다보고 답하기

> 병을 고치려면, 일단 자신이 어디가 어떻게 얼마나 아픈지부터 정확하게 알아야 합니다.

## Question 18

# 회심의 은혜 안에 살고자 힘쓰고 있습니까?

"우리 안에 거하시는 성령으로 말미암아
네게 부탁한 아름다운 것을 지키라"(딤후 1:14)

1923년 9월 1일, 도쿄에 큰 지진이 일어나 약 20만 명이 죽고 250만 명가량이 집을 잃었다. 이 소식을 듣고 미국은 즉시 수송선 150척 분량의 구호품을 일본에 전달했다. 당시 일본의 천황이었던 히로히토는 미국 대통령에게 "일본인은 미국 국민에게 감사하며 이 은혜를 영원히 잊지 않을 것이다."라는 내용의 편지를 친필로 써서 보냈다. 그런데 1941년 12월 7일, 일본군은 미국의 진주만을 공격하였다.

인간은 이렇게 쉽게 은혜를 잊는다. 그리고 이것은 하나님께로부터 입은 은혜에 대해서도 마찬가지이다.

은혜를 받는 것보다 더 힘든 것이 은혜를 지키는 일이다. 그리스도인이 신앙생활 가운데 넘어지는 이유는 은혜를 받지 못해서가 아니라 받은 바 은혜를 잘 지켜 내지 못해서이다. 그리스도께서 우리를 위해 죽으신 은혜를 기억한다면 은혜의 삶을 살기 위하여 분투하는 노력이 힘겹다고 불평하지 못한 것이다.

회심의 은혜를 잘 보존하는 것이야말로 여러 가지 지성적 혼란을 피하는 가장 좋은 방법이다. 그러므로 신자는 늘 은혜의 상태를 유지하려고 애써야 한다. 은혜의 강에 깊이 잠기는 것이야말로 생각의 혼란을 명료하게 정리하는 길이며, 정서의 혼탁함을 막는 방편이다.

회심의 은혜를 유지하는 일에 얼마나 마음을 쏟고 있는가? 넘어졌다 다시 일어서고, 미끄러졌다 다시 올라오는 신앙생활을 반복하고 있는 것은 아닌가?

### ◆ 자기를 들여다보고 답하기

회심의 은혜를 보존하며 살 때, 우리는 우리 안에 교묘하게 살아 남은 죄를 찾아내어 죽여 가며 거룩한 삶의 항해를 지속적으로 이어 갈 수 있습니다.

## Question 19

# 나태한 생활과 싸우고 있습니까?

"부지런하여 게으르지 말고 열심을 품고 주를 섬기라"(롬 12:11)

마르틴 루터의 설교 가운데 이런 이야기가 나온다.

어느 날 사탄이 부하들을 모두 불러 보고를 받았다. 첫 번째 부하는 "나는 사막에 야수들을 풀어 지나가는 그리스도인 대상을 습격하게 하였습니다. 그래서 지금은 그들의 뼈만 모래 위에 굴러다니고 있습니다."라고 보고했다. 이에 사탄은 "그래서 어쨌단 말이냐? 그들의 영혼은 모두 구원을 받았는데!"라고 화를 내었다.

두 번째 부하는 "나는 폭풍을 일으켜 그리스도인을 실은 배가 가라앉게 했습니다."라고 보고했다. 이에 사탄은 더욱 분개하며 "그래서 어쨌단 말이냐? 그들이 모두 구원을 받았는데!"라고 외쳤다.

마지막으로 세 번째 부하가 "나는 십 년 동안 딱 한 사람만 공격했습니다. 나는 그가 자신의 영혼에 대하여 게으르고 무관심해지게 만들었습니다. 그리하여 이제 그는 완전히 우리의 것이 되었습니다."라고 말했다. 그의 보고에 사탄은 매우 흡족해 하며 크게 칭찬했다.

죄가 은혜의 문을 닫고 은혜의 샘을 봉하는 첫 번째 방법은 영혼의 싫증과 육체의 게으름을 조장하는 것이다. 영혼의 싫증과 육체의 게으름은 신자로 하여금 마땅히 행해야 할 신앙의 의무에 태만하게 만들고 영혼의 기쁨까지 잃어버리게 한다.

은혜의 상태를 유지하며 살아가는 그리스도인의 숨길 수 없는 표지는 열렬한 영혼과 부지런한 육체이다. 여러분의 영혼은 열렬한가? 여러분의 육체는 부지런한가?

### ◆ 자기를 들여다보고 답하기

죄가 은혜의 샘을 막는 첫 번째 방법은 영혼의 싫증과 육체의 게으름을 조장하는 것입니다.

## Question 20

# 마음에서 일어나는 부패의 징후를
# 파악하고 있습니까?

"너희는 스스로 조심하라 그렇지 않으면 방탕함과 술 취함과 생활의 염려로 마음이 둔하여지고 뜻밖에 그날이 덫과 같이 너희에게 임하리라"(눅 21:34)

    죄가 은혜의 샘을 막는 두 번째 방법은 마음을 부패하게 하여 마음 안에서 은혜의 틀을 파괴하는 것이다.

    떡집에서 가래떡을 뽑는 광경을 본 적이 있는가? 쌀가루를 찜통에 찐 후 기계에 넣고 돌리면 오래지 않아 김이 모락모락 나는 가래떡이 뽑혀 나온다. 그런데 틀에 따라 두꺼운 떡국 떡이 나오기도 하고 가느다란 떡볶이 떡이 나오기도 한다.

    마찬가지이다. 우리의 삶은 마음의 틀을 통해 나오는 결과물로, 그 마음의 틀이 어떠하냐에 따라 경건한 삶이 나오기도 하고 추루한 삶이 나오기도 한다. 그러므로 우리는 마음을 부패로부터 지켜야 한다. 마음의 틀은 어느 한순간 갑자기 변하지 않는다. 서서히 쌓인 태만이 마음을 부패하게 함으로써 그리스도인의 마음에 세워진 은혜의 틀이 죄의 틀로 바뀐다.

자신의 마음이 부패해지고 있음을 일찍 눈치챘다면, 은혜의 상태로 돌이키는 일도 훨씬 쉬울 것이다. 그러나 죄는 우리 안에 들어오는 즉시 우리의 사고 기능에 영향을 주어 자신을 감춘다. 하나님의 말씀의 빛이 필요한 것도 이 때문이다. 특히 자신에 대한 과신과 다른 그리스도인들은 어떻게 사는지를 기준으로 삼는 태도는 우리로 하여금 자신의 영혼의 상태를 정확하게 보지 못하게 한다.

마음의 부패한 틀은 부패한 삶을 낳고, 부패한 삶은 은혜의 샘을 막는다. 늘 겸손한 태도로 말씀의 정직한 빛 아래서 예민하게 자신을 감찰하자. 그것만이 교묘하게 공격해 들어오는 마음의 부패로부터 자신을 지키는 길이다.

### 자기를 들여다보고 답하기

죄가 은혜의 샘을 막는 두 번째 방법은 마음을 말씀의 영향력으로부터 멀어지게 하여 은혜의 틀을 무너뜨리는 것입니다.

## Question 21

# 인생의 참된 만족이 주님께 있습니까?

"나는 의로운 중에 주의 얼굴을 뵈오리니
깰 때에 주의 형상으로 만족하리이다"(시 17:15)

　죄가 은혜의 샘을 막는 세 번째 방법은 거짓된 평화를 조장하는 것이다. 이 거짓된 평화는 먼저 환경을 통해 조장되는데, 이에 관한 예가 성경에 나온다.

　누가복음 12장의 어리석은 부자는 여러 해 쓸 물건을 많이 비축해 두었으니 앞으로 평안과 즐거움을 누리게 될 것이라 생각한다. 그러나 이것은 그의 착각일 뿐이었다. 하나님께서 그의 영혼을 그 밤에 거두시면, 그는 창고에 가득한 재물과 상관없이 하나님의 심판 앞에 서게 될 것이기 때문이다.

　분투하며 싸워야 할 어려운 환경이 사라지거나 번영이 찾아올 때, 그리스도인은 거짓된 평안을 누린다. 달라진 것은 환경뿐인데, 사람들은 편해진 환경 속에서 영혼의 곤고함을 잊는다. 그래서 우리는 종종 핍박받을 때에는 훌륭하게 신앙을 지켰던 사람이 평화로운 때 작은 육신의 유혹에 굴복하는 것을 본다.

환경이 편안해졌다고 방심하는 것은, 그의 삶의 기준이 그리스도를 사랑하며 그분을 닮아 가는 것이 아니라 이 세상의 안락과 성공이었다는 증거이다. 따라서 우리는 우리의 인생을 열심히 살되, 그 인생에서 누리는 것들에 지나치게 마음을 빼앗기며 살지 않도록 늘 조심해야 한다. 이 세상의 가치가 인생의 목표가 되면, 어느 한순간 번영이 찾아올 때 반드시 부패할 것이기 때문이다.

◆ **자기를 들여다보고 답하기**

> 죄가 은혜의 샘을 막는 세 번째 방법은 거짓된 평화를 조장하여 신자로 하여금 '나는 제법 잘 살고 있다.'라고 착각하게 만드는 것입니다.

# Question 22

## 그리스도인다운 삶을 살고 있습니까?

"그러므로 하늘에 계신 너희 아버지의 온전하심과 같이
너희도 온전하라"(마 5:48)

거짓된 평화는 그릇된 가르침을 통해서도 조장된다. 그릇된 가르침이 무엇인지는 다음과 같이 세 가지로 설명할 수 있다.

첫째로, 목회자나 교사, 구역장, 신앙의 선배들에게서 보이는 태만하고 그릇된 모본이다. 가르치는 자는 완벽해야 한다고 말하는 것이 아니다. 가르치는 자에게서 참된 신앙의 결의와 온전함에 도달하지 못함으로 인한 아파함을 볼 수 없을 때, 가르침을 받는 사람들은 그릇된 본을 보게 된다. 그리고 그러한 본은 가르침을 받는 자들을 그릇된 길로 인도한다. 그러므로 일주일에 한 번 만나 말로 가르치는 것보다 더 중요한 것이 평소의 삶을 통해 참된 신자의 삶을 살아 내는 것이다.

둘째로, '현실화'라는 미명 아래 참된 신앙을 변질시켜 가르치는 것이다. 이러한 가르침은 가르침받는 사람을 성장시키기는커녕 오히려 그의 성숙과 진보를 방해하고 그릇된 신앙으로 이끈다.

셋째로, 개인적인 친분으로 분명한 가르침을 덮는 경우이다. 실제로 많은 교회에서 교역자들이나 사모, 목회자의 자녀들이 설교에 은혜받지 못하는 경우가 많다. 이것은 하나님의 말씀을 자신이 개인적으로 알고 있는 지인(知人)의 말로 여기기 때문이다. 우리가 우리의 영혼을 부패로부터 지키기 위해서는 설교자가 아닌 하나님을 바라보아야 한다. 그리고 하나님의 분명한 가르침 앞에 정직하게 서고자 애써야 한다.

### ◆ 자기를 들여다보고 답하기

우리는 잘못된 가르침에 속을 수도 있고, 그릇된 삶의 모본을 보여 연약한 영혼을 잘못 이끌 수도 있습니다. 그러므로 거짓된 평화에 안주하게 하는 모든 그릇된 가르침을 분별하고, 두렵고 떨리는 마음으로 진리 앞에 정직하게 서야 합니다.

# Question 23

## 속이는 영에게
## 혹은 자기 자신에게 속고 있지 않습니까?

"그들이 내 백성의 상처를 가볍게 여기면서 말하기를
평강하다 평강하다 하나 평강이 없도다"(렘 6:14)


 거짓된 평화는 속이는 영의 역사로 조장되기도 한다.

 언젠가 어느 소방관의 인터뷰 기사에서 재미있는 이야기를 읽었다. 이웃 주민의 신고를 받고 화재가 발생한 집에 출동해 보니 어이없게도 엄마와 딸이 나란히 안방에서 드라마를 시청하고 있더라는 것이다. 부엌과 거실이 연기로 가득 차 한 치 앞도 분간되지 않는 상황 속에서, 모녀는 태연하게 텔레비전만 보고 있었던 것이다. 거기다 소방관이 모녀에게 빨리 안전한 곳으로 대피하라고 하자, 딸이 작은 목소리로 이렇게 투덜거렸다고 한다. "에이, 정말 중요한 부분인데……조금만 더 보면 되는데."

 많은 그리스도인들이 텔레비전에 푹 빠져 집에 불이 난 것도 몰랐던 이 모녀처럼 살고 있다. 세상의 정신과 속이는 영의 감언이설에 속아, 은혜의 상태를 파괴하기 위해 다가오는 명백하고도 임박한 위험을 알아채지 못할 때가 많은 것이다. 그래서 쓰러지기 일보 직전인데도 자신이 제법 건강한 줄 착각하고, 은혜에서 멀어져 미끄러지고 있는데도 견고하게 서 있는 줄 오해한다.

신자의 영혼이 이렇게 속임을 당하게 되면, 하나님의 분명하고 명백한 말씀이 들려도 힘들게 느껴지는 그 가르침 대신 쉽고 편한 길을 선택한다. "괜찮아. 괜찮아. 나만큼 믿는 사람도 없어. 나 정도면 충분해. 난 할 만큼 했어." 하면서 말이다.

### ◆ 자기를 들여다보고 답하기

> 하나도 안 괜찮은데, 언제까지 괜찮다고 자신을 속이시겠습니까? 전혀 그리스도인답지 않으면서, 언제까지 '이 정도면 그리스도인답게 사는 거야.' 하시겠습니까?

## Question 24

# 교만한 가운데 자신의 영적 상태를 과신하고 있지는 않습니까?

"속으로 아브라함이 우리 조상이라고 생각하지 말라 내가 너희에게 이르노니 하나님이 능히 이 돌들로도 아브라함의 자손이 되게 하시리라"(마 3:9)

거짓된 평화는 그릇된 적용을 통해서도 조장된다.

세례 요한은 이렇게 외친다. "속으로 아브라함이 우리 조상이라고 생각하지 말라 내가 너희에게 이르노니 하나님이 능히 이 돌들로도 아브라함의 자손이 되게 하시리라"(마 3:9). 아브라함의 자손이라면, 아브라함이 하나님을 사랑했던 것처럼 하나님을 사랑하고, 아브라함이 하나님께 순종했던 것처럼 순종해야 했다. 그런데 이스라엘 백성들은 '우리는 아브라함의 후손이므로 무조건적인 은혜 안에 있다.'라고만 생각했다. 혈통적으로 아브라함의 자손이라는 사실이 곧 자신들이 하나님 나라의 백성임을 뜻한다고 본 것이다.

겸손해지도록 주신 말씀을 오히려 교만해지는 데 사용하는 사람이 있다. 이것이 바로 하나님의 말씀을 자신에게 그릇되게 적용하여 거짓된 평화를 누리는 것이다. 특히 구원의 적용에 있어서, 구원이 취소될 수 없다는 것을 방패 삼아 '어차피 난 구원받았으니 지금 좀 세상에서 죄짓고 살아도 천국에 갈 거야.'라고 생각하는 것은 하나님의 약속을 자신에게 잘못 적용하는 것이다.

죄와 벗하여 살고 있으면서도 죄책감을 느끼기보다는 거짓 평화를 누리고 있지는 않는가? 교회에 빠지지 않고 출석하는 것, 기독교 집안에서 태어나 자랐다는 것 등에 위안받고 있다면, 거짓 평화 가운데 살고 있는 것이다. 참된 평화는 은혜를 향해 마음을 열게 하지만, 거짓된 평화는 죄를 향해 마음을 열게 한다.

### ◆ 자기를 들여다보고 답하기

> 대를 이어 기독교를 믿는 집안 출신이라는 것이, 주변에서 좋은 평판을 듣고 있다는 것이 신앙을 보증해 주지는 않습니다. 하나님과의 사랑의 관계에서 비롯된 참된 평화를 누리고 있습니까?

## Question 25

# 영혼의 싫증을 지성으로 합리화합니까?

"너와 화목하던 자들이 너를 속여 이기며
네 먹을 것을 먹는 자들이 네 아래에 함정을 파니
네 마음에 지각이 없음이로다"(옵 1:7下)


은혜가 사라지면, 인간은 거룩하게 사는 삶을 부담스럽게 여긴다. 그리하여 편안하게 갈 수 있는 형식적인 신앙의 길을 선택한다. 모금에 참여하거나, 사회 활동에 열을 올리거나, 교회 일에 헌신적으로 봉사하며 자신의 영혼의 위험한 상태를 애써 외면하는 것이다. 이것이 문제인 것은 그 길이 옳다고 생각하기에 택한 것이 아니라 그 길이 비교적 쉬워 보여서 택한 후 그것을 여러 가지 핑계와 합리화로 덮고 있는 것이기 때문이다.

너무나 많은 그리스도인들이 자기 신앙의 편의를 위해 어느 하나에만 예민해지고 나머지 다른 것들은 전부 다 무시해 버린다. 이렇게 살면서 은혜를 누리기를 바라는 것은 잘못이다.

우리가 하나님 앞에서 죄를 뉘우치고 끊임없이 그 죄를 죽이며 살아가는 것은 사실 다른 무엇과의 싸움이 아니다. 자기 자신과의 싸움이다. 날마다 죽는 삶은 영혼의 고통과 내면이 깨어지는 아픔이 있는 길이다. 힘든 길이지만 이 길 위에만 예수님의 생명이 있다.

그러므로 우리는 손쉬운 길을 택하고 싶어하는 자기 자신을 매일 꺾으며 전투하는 것과 같은 삶으로 나아가야 한다. 어제 이겼으니 오늘도 이길 것이라는 낙관을 뿌리치고 "하나님께서 나를 놓으시면 나는 아무것도 아니다."라는 고백으로 걸어가야 한다. 이렇게 살아가는 사람만이 은혜의 샘을 막히지 않게 지킬 수 있다.

 **자기를 들여다보고 답하기**

> 죄가 은혜의 샘을 막는 네 번째 방법은 복음이 아닌 가르침에 빠지게 하는 것입니다. 영혼의 싫증에 빠진 자신의 상태를 애써 합리화하려는 사람들은 틀린 견해를 받아들이기 쉽습니다.

## Question 26

# 성경을 사랑하고 말씀에 순종합니까?

"내가 주의 율례들을 영원히 행하려고
내 마음을 기울였나이다"(시 119:112)

성경은 능력의 샘이요, 진리의 집적이다. 그리스도를 아는 보고이다. 성경 말씀에 순종하면서 신앙생활을 해 나가는 것보다 더 확실한 은혜로 나아가는 길은 없다.

우리의 신앙생활은 건축과 매우 유사하다. 건축을 하려면 벽돌, 시멘트, 철근, 목재 등 온갖 재료가 필요하다. 그러나 건축은 땅을 파 기초 공사를 하고, 건물의 골격을 잡고, 필요한 자리에 적절한 건축 자재를 사용하여 지어 가는 것이지 무조건 재료들을 한자리에 쏟아붓는 것이 아니다. 아무 계획도 질서도 없이 그냥 각종 자재들을 쌓아 두었을 뿐이라면, 그곳은 건축 현장이 아니라 쓰레기장이다.

마찬가지로 신자가 성경을 공부할 때에도 아무 지침이나 제어 없이 그저 자기의 마음에 드는 구절이면 무조건 받아들이는 태도를 가져서는 안 된다. 검증되지 않은 성경 공부에 참여하는 것도 위험하다. 세상에는 진리로 위장한 가르침이 너무나 많다.

그러므로 참된 복음 신앙에서 멀어지지 않으려면, 제시되는 가르침이 성경적인지를 생각해야 한다. 성경적이지 않은 가르침을 받아들여서는 참된 경건에 이를 수 없다.

은혜의 샘이 막히지 않도록 하기 위해서는 진리에 대한 정확한 분별력과 진리를 따르는 부지런한 실천력을 겸비해야 한다. 그런 상태에서 성경을 사랑하고 말씀에 순종해야 한다.

### ◆ 자기를 들여다보고 답하기

복잡다단한 인생길의 가장 탁월한 나침반이 성경입니다. 성경 말씀을 늘 가까이하는 사람들은 복음을 떠난 가르침에 미혹되지 않습니다.

## Question 27

# 은혜의 샘을 막는 일들에 대하여 경계합니까?

"그들의 총명이 어두워지고 그들 가운데 있는 무지함과
그들의 마음이 굳어짐으로 말미암아
하나님의 생명에서 떠나 있도다"(엡 4:18)

첫 회심과 함께 열렸던 하늘 문이 닫히고 은혜의 샘이 막히면 어떻게 될까?

먼저 신자의 마음이 급격하게 굳어진다. 그래서 하나님의 말씀이 마음에 들어오지 않고, 친밀한 기도도 할 수 없게 된다. 하나님께서 무엇을 원하시는지 알아도 순종할 수 없는 상태가 된다. 그리고 이렇게 마음이 굳어지게 되면, 영혼은 하나님의 신령한 자원을 공급받지 못해 하나님의 생명으로부터 신속히 떠나게 된다.

꽃 한 송이도 얼마나 부지런히 맑은 물로 갈아 주며 신경 쓰는가에 따라 하루 만에 시들기도 하고 열흘 넘게 가기도 한다. 우리의 영적 상태도 은혜의 샘이 넓게 뚫려 끊임없이 은혜를 공급해 줄 때와 죄로 꽉 막혀 더 이상 은혜를 공급하지 못할 때가 현저히 다르다. 물이 고인 채 오래 있으면 물때가 끼고 냄새가 나듯이, 우리의 영혼도 은혜의 샘이 막히면 생명과 사랑을 공급받지 못해 이내 부패해지고 만다.

그러므로 우리는 지금까지 살펴본 은혜의 샘을 막는 다양한 요인들을 경계하여야 한다. 그리고 은혜의 샘이 막히는 일이 일어나지 않도록 주의하여야 한다. 회심의 은혜를 유지하며 사는 일이 힘들어 보여도, 부패한 상태로 살아가는 고통보다는 훨씬 쉽다.

### ◆ 자기를 들여다보고 답하기

죄가 은혜의 샘을 막으면 우리의 마음은 굳어져 하나님의 생명과 사랑을 누릴 수 없게 됩니다.

Falling Away
from
Grace

**은혜에서 미끄러질 때 1**

죄를 경계하지 않을 때

## Question 28

# 자신도 모르게 안일한 생각, 태만한 마음에 빠지지는 않습니까?

"새가 보는 데서 그물을 치면 헛일이겠거늘"(잠 1:17)

어린 시절, 할머니에게서 새 잡는 이야기를 들었다.

커다란 바구니를 엎어 놓고 한쪽 끝만 나무 막대에 받쳐 들리게 해 둔다. 그리고 저 멀리에서부터 바구니 안까지 곡식을 조금씩 뿌려 놓은 후, 나무 막대를 묶은 실을 가만히 손에 끼고 구석에 숨으면 모든 준비가 끝난다. 조용히 기다리면 새들이 날아와 곡식을 먹으며 바구니 안까지 들어간다. 그때가 실을 잡아당길 때이다. 실을 당겨 나무 막대를 쓰러뜨리는 순간, 새들은 꼼짝없이 바구니 안에 갇힌다.

인간의 손이 닿지 않는 높은 하늘로 훨훨 날아가 버릴 수 있는 새가 제 발로 바구니 안에 들어온 것은 먹이에 현혹되어 안전에 대한 경계를 게을리하였기 때문이다.

그리스도인은 하늘로 훨훨 날아갈 수 있는 기도와 말씀의 두 날개를 가진 존재이다. 그런 그리스도인이 죄의 함정에 빠져 은혜를 잃고 부패해지는 것은 죄와 유혹에 대한 경계가 태만해진 데서 비롯된다. 그리고 이 경계의 태만은 곧 생각의 태만으로부터 시작된다.

함정에 빠지기 전에 경계심이 느슨해지는 일이 먼저 일어난다. 죄는 특별히 눈에 띄는 통로를 타고 우리를 공격하지 않는다. 대부분의 경우, 생각의 태만을 타고 죄에 대한 경계심이 느슨해진 마음으로 파고든다. 마치 작은 구멍에 댐이 점차 무너지듯이, 작은 부분부터 허물어지며 은혜의 상태가 무너진다. 그러므로 최고의 경건은 죄에 대한 최대의 경계이다.

### ◆ 자기를 들여다보고 답하기

은혜의 상태에서 미끄러지는 일은 생각의 태만으로부터 시작됩니다.

## Question 29

# 교회 출석, 헌금 등 일반적 의무에만 집중할 뿐 영혼의 상태에는 무관심합니까?

"네가 살았다 하는 이름은 가졌으나 죽은 자로다"(계 3:1下)

교회에 출석하고 세례를 받는 일도 중요하다. 물질로써 헌신하고 교회에서 이런저런 직분을 맡아 봉사하는 것도 필요하다. 그러나 그중 어떤 것도 그 일을 해내는 사람이 그리스도인임을 입증해 주지 않는다. 그리스도인은 하나님을 향한 진실한 사랑과 그 사랑에서 우러나오는 선한 삶으로 자신을 입증해야 한다.

그런데 생각이 태만해지면, 교회 출석과 십일조 생활 등 일반적인 의무를 행하는 것에 만족하게 된다. 그래서 자신을 성찰하며 하나님의 깊은 사랑으로 나아가는 일을 놓치게 된다.

신자의 마음에 죄가 들어와도 그것이 장성하여 신앙의 형식을 내어 버리게 하기 전까지는 교회 출석과 기존에 행해 오던 섬김들이 유지된다. 이 점을 생각하지 않고 예전에 비해 자신의 마음이 조금 냉랭해진 것 같아도 '나, 잘하고 있어. 주일도 잘 지키고 헌금도 하잖아. 걱정할 것 없어.'라고 생각한다면 신자로서 마땅히 지켜야 할 하나님을 사랑해야 하는 본질적 의무에서 멀어질 수 있다.

예배 참석이나 헌금 생활, 봉사 활동 등은 모두 일반적인 것들이다. 이런 일반적인 의무를 이행하는 것으로 만족하게 되면 자신의 영혼의 상태를 바르게 판단할 수 없다. 자신이 전심으로 하나님을 앙망하고 있는지, 자신의 기도 생활이 영적으로 살아 있는지 등에 대해 공정한 판단을 내릴 수 없게 되는 것이다. 이것은 곧 영혼의 상태에 대한 무관심으로 이어진다.

### ◆ 자기를 들여다보고 답하기

생각이 태만해지면 교회 안에서 마땅히 지켜야 할 일반적인 의무 이행에 만족하고, 그리스도의 몸 된 지체로서 마땅히 지켜야 할 개별적인 의무(순전한 사랑, 진실한 기도 등)에는 무관심해집니다.

## Question 30

# 하나님을 향한 사랑이 삶으로 고백되고 있습니까?

"이는 그 입으로는 사랑을 나타내어도
마음으로는 이익을 따름이라"(겔 33:31下)

 아름다운 음율과 가사로 찬송을 부르면, 하나님을 향한 경배가 될까? 중요한 것은 어떤 노래인가가 아니라 거기에 하나님을 사랑하고 공경하는 마음이 담겨 있는가이다. 참된 찬송은 마음으로부터 우러나온다. 우리 신앙의 고백이 함께 실릴 때 비로소 하나님께 드려진다.

 이것은 하나님을 향한 그리스도인의 사랑도 마찬가지이다. 그리스도인이라면 누구나 하나님을 사랑한다고 고백한다. 그러나 많은 경우 이 고백은 일반적이고 포괄적인 데 그치기 쉽다. 하나님을 향한 사랑의 고백이 참된 것이려면, 그것이 마음 깊은 곳에서 우러나온 것이어야 한다. 그런 고백 속에는 언제나 자신의 치열한 삶이 녹아 있다.

 물론 포괄적인 고백이 항상 거짓인 것은 아니다. "하나님, 비록 제가 죄와 더불어 살고 있지만 저는 사실 하나님 없이 살 수 없는 사람입니다." 그러나 참된 그리스도인은 그 정도의 사랑 고백에 만족할 수 없다. 이런 포괄적인 사랑 고백만으로는 하나님을 기쁘시게 할 수 없기 때문이다. 하나님께서는 우리가 사랑하는 여러 대상 중 하나가 되기를 원하지 않으시고 모든 것이 되기를 바라신다.

포괄적인 고백에 만족하는 신자들은 자신의 삶을 붙들고 치열하게 고민하지 않는다. 이런 신자들의 사랑 고백은 말로만 "널 사랑해."라고 포괄적으로 선언할 뿐 태도나 마음씀씀이에는 전혀 사랑이 묻어나지 않는 것과 같다.

### ◆ 자기를 들여다보고 답하기

생각이 태만해지면 하나님을 사랑한다는 포괄적 고백에 만족하게 됩니다.

# Question 31

# 삶의 이유와 목적은 무엇입니까?

"우리가 살아도 주를 위하여 살고 죽어도 주를 위하여 죽나니
그러므로 사나 죽으나 우리가 주의 것이로다"(롬 14:8)

"나는 하나님만 사랑한다. 나는 하나님께만 영광을 돌리고 싶다."라는 고백은 아름답다. 그러나 그 고백이 개별적인 의무 이행과 실천적인 삶에 녹아들 때 더욱 아름답다.

그리스도인은 먹든지 마시든지 무엇을 하든지 하나님께 영광을 돌리게 하기 위하여 부름받았다. 그러므로 그리스도인이라면 집안일을 할 때도, 회사에서 일을 할 때도, 공부를 할 때도 불신자들과는 다른 삶의 동기를 가져야 한다.

하나님을 향한 우리의 사랑 고백은 말뿐 아니라 삶으로 드러나야 한다. 다시 말해 신자의 삶 갈피갈피에 하나님을 향한 사랑의 고백이 담겨 있어야 한다.

우리의 매일의 삶에는 하나님을 향한 사랑이 내재되어 있는가? 모든 생활에 있어서 하나님이 삶의 이유요 목적이 되고 있는가?

일상적인 행동과 언어와 마음가짐에 하나님을 향한 간절한 사랑이 배게 하자. 그러한 행동과 언어와 마음가짐에 하나님께서는 함께하신다. 그리고 그러한 마음으로 살아가는 삶을 기쁘게 받으신다. 그리스도인의 거룩한 삶은 그리스도를 통하여 성령님 안에서 일체의 부지런함과 성실함으로 하나님을 향하여 살아가는 것이다.

### ◆ 자기를 들여다보고 답하기

하나님을 사랑하는 사람은 하나님 때문에 살아갑니다. 그래서 그의 삶은 한 걸음 한 걸음이 모두 하나님을 향한 사랑의 고백입니다.

## Question 32

# 명백히 죄임에도 불구하고
# 대수롭지 않게 여기는 문제는 없습니까?

"느밧의 아들 여로보암의 죄를 따라 행하는 것을
오히려 가볍게 여기며"(왕상 16:31上)

적군이 성을 공략할 때, 가장 먼저 성벽 위에 있는 병사들의 주변 경계부터 흐트러트린다. 거짓으로 평화를 제안하거나, 작은 들짐승들을 풀어놓아 소리가 나도 짐승이겠거니 하게 하거나, 공격하고자 하는 곳 반대쪽에 위협을 가해 주의를 그쪽으로 돌리게 한다.

자신의 마음을 가만히 돌아보자. 분명 죄임에도 불구하고 대수롭지 않게 여기고 있는 문제는 없는가? 신앙의 무너짐은 작은 죄에서 시작된다. 따라서 그 어떤 작은 죄라 할지라도 소홀히 해서는 안 된다. 왜냐하면 그 크기와 상관없이 죄의 본질은 동일하기 때문이다. 죄의 본질은 하나님에 대한 적의(敵意)이다.

'이런 정도의 죄가 없는 사람이 어디 있겠어. 이 정도쯤은 하나님께서 용납하실 거야.'라는 생각은 죄의 속임이다. 마음속에서 죄에 대한 합리화가 그럴듯하게 들린다면, 이미 죄에 대한 경계심을 상실한 상태이다. 죄를 객관적으로 관측할 능력을 상실한 것이다.

죄에 대해서는 그 어떤 방심도 금물이다. 처음부터 아무렇지도 않게 큰 죄를 짓는 사람은 없다. 죄는 우리의 구원을 취소시킬 수는 없지만 우리를 하나님 없이 사는 사람처럼 살게 할 수 있다. 죄는 이렇게 간청한다. "나는 아주 작은 죄일 뿐이니, 네 안에 머물게 해줘." 우리는 결단코 그 요청을 받아들여서는 안 된다. 우리가 받아들인 아주 작은 죄는 쉽게 나가지 않고, 곧 큰 죄를 향해 마음의 문을 열게 하고 말 것이기 때문이다.

### ◆ 자기를 들여다보고 답하기

> 죄를 가볍게 여기고 있다면, 이미 은혜의 상태에서 미끄러지기 시작했다는 것입니다.

## Question 33

# 죄가 주는 즐거움에 빠져 있습니까?

"도리어 하나님의 백성과 함께 고난받기를
잠시 죄악의 낙을 누리는 것보다 더 좋아하고"(히 11:25)

죄가 항상 고통스럽다면, 죄를 뿌리치는 일이 힘들지 않을 것이다. 성경은 죄에도 즐거움이 있다고 말한다. 성경은 이것을 '죄의 낙(樂)'이라고 부른다(히 11:25).

죄에는 분명 즐거움이 따른다. 그러나 그 즐거움은 잠시뿐이다. 죄악이 가져다주는 달콤함이 오래가지 않기 때문이다. 죄는 신자의 내면에 참된 만족을 줄 수 없다.

더운 여름날, 목이 타는 듯한 갈증을 느낄 때 음료수나 아이스크림을 먹으면 어떻게 될까? 잠시는 갈증을 잊을 수 있을 것이다. 그러나 잠시 후 더 강한 갈증에 시달리게 된다. 설탕이 물을 부르기 때문이다. 갈증을 느끼는 사람에게 정말로 필요한 것은 시원한 생수 한 잔이다. 비록 당장 입안에서는 달콤하지 않을지 모르나, 그것만이 우리의 온몸 구석구석까지 수분을 전달해 주어 갈증을 없애 줄 수 있다.

죄를 통해 맛보는 잠시의 즐거움에 만족하고자 하는 것은 어리석다. 이렇게 해서는 영혼의 참된 만족을 누리지 못한다. 계속 더 큰 즐거움을 요구하는 죄의 갈망으로 인해 더 큰 죄에 빠지기 쉽다.

우리는 참된 만족, 영원한 기쁨을 가져오는 것들을 추구해야 한다. 하나님의 아름다움 속에서 사랑을 느끼고, 그분의 달콤함 속에서 행복을 누리는 사람들이 되어야 한다.

지혜로운 그리스도인은 죄가 가져오는 잠깐의 즐거움과 영원한 즐거움을 바꾸지 않는다.

◆ **자기를 들여다보고 답하기**

죄가 달콤하게 느껴지는 것은 이미 죄가 주는 쾌락을 맛보았기 때문입니다. 그리고 은혜가 가져오는 기쁨, 경건이 선사하는 만족을 모르기 때문입니다.

## Question 34

# 은혜가 사라져 마음이 허기질 때 어떻게 합니까?

"욕심이 잉태한즉 죄를 낳고 죄가 장성한즉 사망을 낳느니라"(약 1:15)

마음이 부패해지면, 은혜가 충만할 때 누리던 만족과 기쁨도 사라진다. 이때 신자는 마음의 공허함을 잊기 위해 적극적으로 세상을 사랑하게 된다. 이렇게 부패한 마음은 은혜의 사라짐으로 말미암은 허한 상태를 죄의 즐거움으로 달래 보려 한다. 그러나 부패한 정욕이 이끄는 대로 따라가는 삶이 우리를 어디로 데려가겠는가? 그런 삶은 하나님께서 우리를 구원하신 계획과 정면으로 배치될 수밖에 없다.

우리가 하나님에게서 왔는데 우리를 향한 하나님의 계획을 떠나서 누릴 행복이 어디에 있겠는가? 그래서 죄의 낙을 즐김으로 마음의 허기짐을 달래려는 신자는 더 큰 허무와 고통 속에 떨어지게 된다.

더구나 죄는 처음에는 우리가 의지적으로 선택하지만, 시간이 지나면 죄가 우리를 끌고 다닌다. 술을 마실 때, 처음에는 의지

**Question 35**

# 하나님이 없어 허한 마음을 죄를 통해 달래려 합니까?

"대저 그 발은 악으로 달려가며 피를 흘리는 데 빠름이니라"(잠 1:16)

일단 죄의 기쁨을 맛보면, 마음은 빠른 속도로 부패한다. 그리고 그나마 남아 있던 은혜들마저 사라진다.

더구나 죄를 통해 맛본 기쁨은 그동안 억눌러 왔던 다른 욕구들까지 활성화시킨다. 그래서 그 기쁨을 맛본 사람은 자기 안에 급속히 죄의 욕구가 늘어난 것을 느끼게 된다.

이런 상태로 전락한 영혼은 견딜 수 없이 피곤하고 모든 신령한 일들에 무력하다. 주일에 교회에 나온다 하더라도 그것은 은혜를 받기 위해서가 아니라 양심을 달래기 위해서이다. 그저 이름만 신자일 뿐 하나님을 향한 영적 생명의 증거는 희박해진다.

일단 은혜의 지배가 사라지고 죄의 지배가 확립되면, 그는 자신 안에 있는 죄의 성향 때문에 악을 선택한다. 때로는 죄가 좋아서가 아니라, 죄를 계속해서 짓지 않으면 느끼게 될 불안과 소외감에서 벗어나고자 죄를 선택한다. 그래서 벤저민 프랭클린은 말했다. "첫 번째 솟아오르는 자신의 욕망을 거절하는 것이 이후에 몰고 올 모든 욕망을 만족시키는 것보다 훨씬 쉽다."

죄는 개별적인 것이 아니라, 본질상 한 덩어리이다. 그러므로 그 어떤 것도 사소하게 여겨서는 안 된다. 작고 가벼운 죄란 없다. 모든 죄에는 인간을 하나님과 불화하게 하려는 원대한 계획이 도사리고 있기 때문이다. 죄가 주는 당장의 기쁨은 덫에 놓인 한 조각의 고깃덩이일 뿐이다. 그 고깃덩이에 현혹되어 덫에 발을 딛는다면 후회 속에서 살게 될 것이다.

### ◆ 자기를 들여다보고 답하기

죄를 달콤하게 느끼기 시작하면 그의 영혼에서는 부패한 정욕이 먹구름처럼 피어올라, 입을 벌리고 그 욕구를 채워 달라고 요구합니다.

## Question 36

# 창조 세계의 아름다움을 묵상하며 삽니까?

"여호와 우리 주여 주의 이름이
온 땅에 어찌 그리 아름다운지요"(시 8:9)

    목표 없이 방황하던 생각이 어느 날 갑자기 신령한 은혜의 보좌 앞에 다다르는 법은 없다. 혼란해진 생각은 대개 어두운 곳을 기웃거린다. 그러므로 우리는 생각이 하나님을 향한 전적인 추구에서 이탈되지 않도록 주의해야 한다. 마음지킴은 생각지킴에서 비롯되기 때문이다.

    생각지킴은 먼저 창조의 아름다움을 묵상하는 데서 시작된다. 하나님께서 지으신 처음 세상은 하나님의 아름다움을 충만하게 드러내는 아름다운 곳이었다. 아주 작은 미생물로부터 풀과 돌, 흐르는 시냇물과 하늘에 떠 있는 해와 달과 별들까지 모두 상호 연관을 가지고 있었고, 인간은 그 안에서 만물을 연주하여 모든 피조물들이 자신만의 아름다운 선율로 하나님을 찬송하게 하였다. 그러나 죄가 들어오자, 한순간에 그 아름다운 상태가 사라지고 죽음의 형벌이 들어왔다.

지금 우리 안에 남아 있는 죄는 하나님께서 창조하신 그 아름다운 세계를 파괴하고 이후 태어난 모든 인간을 죄의 결과인 비참 속에 살게 만든 주범이다. 은혜와 부패 사이를 오가며 끊임없이 고통하는 우리의 현실은 죄로부터 말미암은 것이다.

지금 우리 안에 남은 죄가 바로 창조 세계의 아름다움을 사라지게 한 원인이다. 그러나 여전히 창조 세계에는 하나님의 아름다움의 흔적이 남아 있다. 온 땅과 하늘 위에 계신 하나님께서 통치하시는 효과이다.

죄를 죽이는 영적 생활을 하면서 함께 창조 세계의 아름다움을 묵상하자. 그리하여 창조 시에 죄가 없이 누리던 그 행복으로 돌아가고 싶어하는 마음을 갖자. 만물의 질서와 아름다움을 보면서 하나님 앞에서 내가 누구인지를 생각하자.

### ◆ 자기를 들여다보고 답하기

죄의 유혹을 뿌리치고 죄를 미워하며 경계하기 위해서는 창조의 아름다움을 묵상해야 합니다.

## Question 37

# 십자가에 대한 현재적인 감격이 있습니까?

"내가 그리스도와 함께 십자가에 못 박혔나니 그런즉 이제는 내가 사는 것이 아니요 오직 내 안에 그리스도께서 사시는 것이라……"(갈 2:20)

창조주를 아는 지식은 구속주를 아는 지식을 풍성하게 하고, 구속주를 아는 지식은 창조주를 아는 지식을 더욱 깊어지게 한다. 왜냐하면 창조의 계획과 구속의 계획은 일치하기 때문이다.

깊고 어두운 동굴에 갇혔다고 생각해 보라. 단 한 점의 빛도 들지 않고, 칠흑 같은 어두움뿐이다. 그때 저 멀리서 실낱같은 한 줄기 빛이 보인다면 무조건 그리로 향하지 않겠는가? 왜냐하면 아무리 가늘어도 그 빛은 그 방향에 바깥 세계로 통하는 길이 있음을 알려 주기 때문이다. 그 빛처럼, 예수 그리스도는 세계와 인간 창조의 목적을 알려 준다. 십자가의 감격 속에 산다는 것은 이 지식을 현재적으로 누리며 사는 것이다.

하나님께서는 우리를 위해 당신의 아들을 십자가에서 죽게 하셨다. 우리가 구원받을 수 있었던 것은 예수님께서 우리 대신 십자가에서 죽으셨기 때문이다. 우리를 위해 살을 찢으시고 피를 흘리셨기 때문이다. 이는 죄와 허물로 죽은 우리를 다시 살리기 위함이었다. 그러므로 십자가는 그리스도인의 자기 인식의 입각점이다. 우리는 십자가를 통해서 자신이 누구인지를 알 뿐 아니라 그 십자가를 현재적으로 경험함으로써 옛 성품을 버리고 새 성품을 따라 살게 된다. 그러므로 우리에게 십자가는 반드시 가슴에 새겨야 할 놀라운 은혜이며 사랑이다.

따라서 이 십자가에 대한 묵상은 우리가 죄를 경계하는 데에도 매우 요긴하다. 예수 그리스도의 죽으심을 묵상할 때, 우리는 죄가 얼마나 끔찍한 것인지 느낄 수 있기 때문이다. 십자가를 묵상하며 '내가 다시 죄를 짓는다면 그것은 예수 그리스도를 다시 십자가에 못 박는 것과 같다.'라고 생각해야 한다. 자신을 죄에 대하여는 죽은 자요, 의(義)에 대하여는 산 자로 여기며 살자.

### ◆ 자기를 들여다보고 답하기

죄의 유혹을 뿌리치고 죄를 미워하며 경계하기 위해서는 예수 그리스도의 십자가를 묵상해야 합니다.

Falling Away
from
Grace

**은혜에서 미끄러질 때 2**

세상 사랑에 빠져 총명을 잃을 때

## Question 38

# 생각을 정돈하여 예배에 참석하고, 말씀이 선포될 때 집중하여 깨닫고, 그 말씀을 삶에 적용하며 살고 있습니까?

"그들의 총명이 어두워지고 그들 가운데 있는 무지함과
그들의 마음이 굳어짐으로 말미암아 하나님의 생명에서 떠나 있도다"(엡 4:18)

   성경은 영혼에 세 가지 능력이 있다고 말한다. "그들의 총명이 어두워지고 그들 가운데 있는 무지함과 그들의 마음이 굳어짐으로 말미암아 하나님의 생명에서 떠나 있도다"(엡 4:18). 우리는 이 구절을 통해 영혼의 세 가지 능력을 유추할 수 있다. 생각과 총명과 마음이 그것이다. 이 구절에서 '무지함'은 '생각이 지식에서 멀어진 것'을 가리킨다.

   첫째로, 생각은 진리의 빛인 말씀을 받아들이는 능력이다. 생각이 하나님의 말씀을 향해 예민하게 깨어 있어야, 진리가 선포될 때 영혼이 정직하게 반응할 수 있다. 생각이 희미하고 마음이 혼란스러운 상태에 있는 사람은 말씀을 들어도 예배당을 나서는 순간 잊어버리기 일쑤이다.

둘째로, 총명은 생각이 받아들인 진리의 빛을 우리의 마음에 적용한 결과이다. 즉, 진리에 대한 깨달음이 있을 때 우리에게는 옳고 그른 것, 참된 것과 거짓된 것들을 분별할 수 있는 판단력 곧 총명이 생겨난다. 이 총명은 믿음의 기능으로서 초월적 세계와 신령한 것들을 인식하는 능력이기도 하다.

셋째로, 마음은 진리의 빛을 실제로 활용하는 능력이다. 마음이 진리의 빛에 장악된 사람만이 거룩한 삶을 살 수 있다.

이 세 가지 영혼의 능력은 서로 유기적으로 긴밀하게 연관되어 있다. 생각을 예민하게 하여 진리의 말씀을 잘 받아들여야 총명해진다. 이로써 죄를 분별할 수 있고, 그렇게 할 때 마음은 진리 안에서 하나님을 사랑하며 거룩한 삶의 행위들을 산출할 수 있다.

◆ **자기를 들여다보고 답하기**

영혼의 세 가지 능력은 생각, 총명, 마음입니다.

## Question 39

# 나의 영혼의 기능은 건강합니까?

"그중에 이 세상의 신이 믿지 아니하는 자들의 마음을 혼미하게 하여
그리스도의 영광의 복음의 광채가 비치지 못하게 함이니
그리스도는 하나님의 형상이니라"(고후 4:4)

마음이 은혜로부터 멀어져 부패하면 영혼의 세 가지 능력이 파괴된다. 첫째로, 생각이 혼란해지기 시작한다. 그래서 허탄한 것에 열광하며 허무한 삶을 살아간다. 둘째로, 총명이 흐려져 사리를 분별하지 못하게 되고 이전에 있었던 잘 믿는 성향이 약화된다. 셋째로, 마음이 딱딱하게 굳어져 말씀에 반발하거나 무관심해진다.

여러분의 영혼의 상태는 어떠한가? 자신도 모르는 사이, 은혜가 조금씩 사라지고 부패가 시작되고 있는 것은 아닌가? 영혼의 세 가지 능력이 잘 발휘되고 있는지 돌아보며, 두려운 마음으로 마음의 부패를 경계하자. 마음이 은혜로부터 멀어져 부패하면, 우리 안에 있는 아름다운 모든 것들이 파괴된다. 그리고 일단 시작되면 점점 더 심각해져 갈 것이고, 결국 우리로 하여금 하나님의 생명으로부터 멀어져 육체의 열매를 맺으며 살게 할 것이다.

우리가 할 수 있는 최선은 은혜 안에서 사는 것이다. 은혜에 잠긴 마음에는 부패가 깃들 수 없다. 그러므로 지혜로운 그리스도인은 부패와 맞서 싸우는 한편, 은혜를 사모하며 더욱 열심히 은혜의 자리로 나아간다. 말씀과 성찬, 기도와 교제처럼 은혜를 전달해 주는 수단을 가까이하는 것이다.

누구나 기도하고 싶어도 할 수 없는 때가 있고, 말씀을 듣고 감화를 받고 싶어도 받지 못하는 때가 있다. 그런 때에는 속히 거기서 벗어나기를 간구해야 한다. 왜냐하면 그러한 상태가 지속될 때 생각과 총명과 마음은 진리와 생명에서 멀어질 것이기 때문이다.

### ◆ 자기를 들여다보고 답하기

은혜의 상태에서 미끄러져 부패의 상태로 나아가면, 영혼의 세 가지 능력도 파괴됩니다.

**Question 40**

# 버려야 할 생각과 취해야 할 생각을 분별하여 선택하고 있습니까?

"육신의 생각은 사망이요 영의 생각은 생명과 평안이니라"(롬 8:6)

영혼의 총명이란 무엇일까? 쉽게 말하자면, 지도하고 판단하고 식별하는 영혼의 능력이다.

흔히 지식이 많은 것을 총명이라 생각하는데, 총명의 유무와 정도를 결정하는 것은 얼마나 많은 지식을 알고 있느냐가 아니다. 오히려 여러 일들과 상황을 얼마나 정확하게 판별하며 은혜 안에서 지혜롭게 살아 나가고 있느냐이다. 물론 총명이 지식과 무관한 것은 아니다. 둘은 서로 밀접한 관계가 있다. 총명은 더 높은 초월적 지식을 전달해 주는 수단이 되기도 하며, 지식은 총명을 더욱 빛나게 하기도 한다. 그러나 지식이 많아도 총명하지 못한 사람이 있는가 하면, 지식은 적지만 총명한 사람도 있다.

그러면 한 영혼이 얼마나 총명한지를 알 수 있는 가장 좋은 방법은 무엇일까? 그것은 영혼의 생각과 선택을 살피는 것이다. 총명의 지도 없이 내키는 대로 아무거나 선택하는 사람의 생각은 명료하지 않고, 선택도 쉽게 바뀐다. 반면 총명한 사람은 총명의 지도 속에서 올곧게 자신이 가야 할 길을 선택하며 지혜롭고 순전한 삶을 살아간다.

성경은 총명을 잃어버린 자의 결국을 생명의 상실과 연결 짓는다. "그들의 총명이 어두워지고 그들 가운데 있는 무지함과 그들의 마음이 굳어짐으로 말미암아 하나님의 생명에서 떠나 있도다"(엡 4:18).

하나님께 총명을 주시도록 간구하고 있는가? 총명 안에서 살아가기를 사모하고 있는가? 총명 없이는 은혜의 상태를 유지할 수 없다. 총명은 하나님을 전심으로 사랑할 때 가장 탁월하게 빛난다. 그러므로 우리는 기도해야 한다. 하나님께서 모든 지혜와 총명을 우리에게 넘치게 하시기를(엡 1:8).

### ◆ 자기를 들여다보고 답하기

> 총명한 사람은 영혼의 생각과 선택을 바르게 통제하여, 지혜롭고 순전하게 살아갑니다.

## Question 41

# 날마다 더 총명해지고 있습니까?

"마음이 혼미하던 자들도 총명하게 되며
원망하던 자들도 교훈을 받으리라 하셨느니라"(사 29:24)

한 사람이 인생길을 항해해 나가는 데 있어 총명의 역할은 선장과 같다. 아무리 배가 튼튼하고 선원들이 훌륭해도 그들을 이끄는 선장이 무능력하다면 안전한 항해를 보장할 수 없을 것이다. 특히 바다에서 뜻밖의 상황을 만났을 때 더욱 위태로워질 것이다.

그런데 영혼의 총명은 여러 가지 조건과 영향에 의해 발전하기도 하고 희미해지기도 한다. 그러면 어떻게 해야 총명을 발전시킬 수 있을까?

첫째로, 하나님의 말씀이다. 하나님의 말씀은 하나님의 뜻과 마음을 알게 하는 보고이다. 말씀을 통해 우리는 하나님과 세계와 인간에 대해 잘 알게 된다. 말씀 안에서 우리는 두 가지 지식, 곧 믿음의 규칙과 삶의 교훈을 배우게 된다. 그리그 그 안에서 우리의 총명은 자라게 된다.

둘째로, 총명의 활용이다. 생각과 마음이 총명의 지도를 받고자 할 때 총명은 발전한다. 머리에 정리된 말씀을 자신의 삶 속에 실제로 적용하고 실천하는 과정들을 통해 은혜의 원리들이 하나하나 터득되기 때문이다.

셋째로, 욕망에서 벗어나는 것이다. 사람의 마음이 헛된 욕망에 사로잡혀 있으면, 총명이 빛을 잃는다.

마지막으로, 지속적으로 은혜의 지배 아래 있는 것이다. 은혜의 지배 아래 있다는 것은 죄를 죽이는 삶에서 승리하고 있다는 것이다. 총명을 위한 가장 좋은 환경은 하나님을 사랑하고 자기 욕심에서 벗어나 순전한 삶을 사는 마음이다.

영혼의 총명을 잃었는가? 낙심하지 말라. 하나님께서는 회개하고 돌아오는 사람들을 새롭게 하여 총명을 회복하게 하신다.

### ◆ 자기를 들여다보고 답하기

영혼의 총명은 가변적인 것으로 바르게 사용할 때 발전합니다.

## Question 42

# 나의 영혼은 빛 가운데 있습니까, 어두움 가운데 있습니까?

"악인의 길은 어둠 같아서 그가 걸려 넘어져도
그것이 무엇인지 깨닫지 못하느니라"(잠 4:19)

마음에서 은혜가 사라지면 부패가 시작되고, 마음에서 부패가 시작되면 영혼의 아름다운 능력들은 파괴되기 시작한다. 그리고 이제 영혼은 그 어떤 진리의 빛도, 은혜의 빛도 발견할 수 없는 어두움의 상태로 들어가 무감각해져 간다.

영혼의 어두움은 영적인 것으로 하나님과의 영적 교제의 단절에서 온다. 이것은 절대적 어두움과 상대적 어두움, 주관적 어두움과 객관적 어두움으로 나눌 수 있다.

절대적 어두움은 불신자의 영혼의 어두움이고, 상대적 어두움은 신자의 영혼의 어두움이다. 주관적 어두움은 죄를 사랑하는 데서 오는 어두움(마 6:23)으로, 회개하고 하나님의 사랑으로 돌아와야만 해결할 수 있다. 이에 비해 객관적 어두움은 단지 지식의 부족 때문에 생겨난 어두움(시 119:18)으로, 말씀에 대한 지식을 습득함으로써 해결할 수 있다.

어두움 가운데 있다는 것, 그 자체가 비참함이다. 왜냐하면 인간을 인간답게 살게 하는 소중한 것이 바로 진리의 빛이기 때문이다. 어둠 속을 걷는 영혼에게는 늘 곤고함이 뒤따른다. 보이지 않기에 위험한 것을 향해 나아갈 수밖에 없고, 더러운 것을 피할 수 없기 때문이다.

그러므로 빛의 자녀들은 어둠 속을 헤매어서는 안 된다. 그런 인생은 우리의 몫이 아니다.

### ◆ 자기를 들여다보고 답하기

> 은혜가 사라지면 영혼은 어두움에 빠집니다. 불신자들은 그 어두움을 물리칠 수 없기에 그 안에서 이리 넘어지고 저리 쓰러지며 살지만, 신자는 그렇게 살 이유가 없습니다.

Falling Away
from
Grace

**은혜에서 미끄러질 때 3**

정욕에 이끌릴 때

## Question 43

# 죄를 짓고자 하는 욕구에
# 어떻게 반응하고 있습니까?

"사랑하는 자들아 거류민과 나그네 같은 너희를 권하노니
영혼을 거슬러 싸우는 육체의 정욕을 제어하라"(벧전 2:11)

인간은 누구나 죄를 짓고자 하는 욕구를 가지고 있다. 은혜 안에 있는 그리스도인도 죄의 욕구를 느낄 수 있다. 죄인의 본성을 가진 인간이 죄의 욕구를 느끼는 것은 자연스러운 일이다. 문제는 죄의 욕구 그 자체가 아니라 그 욕구를 적절히 통제할 수 있는 능력이 있느냐 하는 것이다.

모든 사람이 죄의 욕구를 느끼나, 거기에 휘둘리며 정욕이 시키는 대로 사는 사람이 있는가 하면 죄의 욕구를 통제하고 다스리며 사는 사람도 있다. 전자가 은혜에서 미끄러져 부패한 신자들이라면 후자는 성령님의 은혜 안에서 사는 신자들이다. 적절한 통제가 뒤따르지 않을 때, 죄의 욕구는 점점 더 커지고 많아진다.

그러므로 죄에 대한 욕구에 관해 '실제로 죄를 짓지 않으면 되지. 마음에 떠오르는 생각까지 내가 어떻게 하겠어?'라고 생각하

고 방치하는 것은 위험하다. 죄에 대한 욕구가 사고 기능에 깊이 간여하기 시작하면 영혼은 쉽게 은혜에서 미끄러져 부패한다.

죄는 정욕을 먹이 삼아 강해진다. 죄가 우리 안에서 생명을 유지할 수 있는 것, 나아가 성장하여 마음의 지배력을 획득할 수 있게 되는 것은 모두 정욕을 수단으로 죄가 강성해졌기 때문이다. 신자는 자기 마음 안에서 일어나는 개별적인 죄에 대한 욕구들을 통해 자기 안에 있는 죄의 뿌리를 보아야 한다.

자신 안에 있는 죄의 정욕을 적절히 통제하지 않는 것은 위험한 일이다. 매일매일 죄에 대한 욕망을 제어하고 통제하려고 노력해야 한다. 죄의 욕구를 완전히 없앨 수는 없다. 그러나 그리스도인이라면 그것을 제멋대로 날뛰게 내버려두지 않고 은혜의 힘으로 다스릴 수 있어야 한다.

### ◆ 자기를 들여다보고 답하기

> 누구나 죄의 욕구는 있습니다. 다만 그것을 다스리며 사는 사람이 있고, 그것에 끌려 다니는 사람이 있을 뿐입니다.

## Question 44

# 자주 넘어지는 부분은 무엇입니까?
# 그 부분을 하나님께 의뢰하고 있습니까?

"자기 욕심에 끌려 미혹됨이니"(약 1:14下)

불과 몇 십 년 전만 해도, 북한이 판 땅굴이 우리나라의 심각한 불안 요인이었다. 선전 포고를 한 후 탱크로 밀고 내려오는 전쟁만 생각하던 사람들에게 땅굴은 언제라도 북한이 남한 깊숙이 신속하고 은밀하게 잠입할 수 있다는 가능성을 열었기 때문이다.

죄는 우리를 땅굴과 같이 은밀한 방식으로 개별적으로 공격한다. 일반적으로 '정욕'은 두 가지 의미로 사용된다. 첫째로, 넓은 의미로 정욕은 하나님 없이 살려는 욕망의 총체이다(딛 2:12). 둘째로, 좁은 의미로 정욕은 그릇된 성적 욕망을 가리킨다(딤후 2:22).

사람은 모두 정욕을 갖고 있지만, 각기 특별히 더 강하게 끌리는 한두 가지 개별적인 욕구가 있기 마련이다. 이 경우 다른 부분에 있어서는 굳건하게 마음을 지키고 있어도 그 특정한 죄에 대해서는 경계가 쉽게 무너질 수 있는데, 죄는 언제나 이것을 노린다.

그래서 죄는 우리의 영혼이 특별히 이끌리는 어떤 개별적인 욕구에 계속 집착하도록 조장한다. 그러므로 우리가 쉽게 반복해서 미끄러지는 지점, 자주 실패하고 넘어지는 곳이 있다는 것은 죄의 원군들이 은밀히 들어와 서서히 영혼을 장악해 가는 땅굴이 있다는 의미이다.

"나는 늘 이 문제에 약해."라고 고백하는가? 그런 문제가 있다면, 하나님 앞에 간절히 매달려야 한다. 그것이 바로 죄가 겨냥하고 있는 약점일 수 있기 때문이다. "하나님, 도와주십시오. 제가 유난히 약한 이 지점에서 하나님의 능력과 도우심을 맛볼 수 있도록 제게 힘을 주십시오."

### ◆ 자기를 들여다보고 답하기

죄는 우리에게 은밀하고 친밀하게 다가옵니다. 죄는 누구나 홀릴 만한 일반적인 미끼보다 딱 한 사람에게 특화된 개별적인 미끼를 사용하기를 더 좋아합니다.

## Question 45

# 나를 공격하는 죄에 대해 얼마나 알고 있습니까?

"내 지체 속에서 한 다른 법이 내 마음의 법과 싸워
내 지체 속에 있는 죄의 법으로 나를 사로잡는 것을 보는도다"(롬 7:23)

어느 싸움에서든 적을 알고 자신을 알면 승리하기 쉽다. 영적 전투에 있어서도 승리의 지름길은 상대인 죄에 대해 잘 아는 것이다.

그런데 죄에 대한 지식의 깊이는 거룩함에 대한 지식의 깊이에 비례한다. 오늘날 그리스도인이 죄에 대해 잘 모르는 현실은 그들의 관심이 거룩함이 아님을 보여준다. 인간의 참된 가치는 이 세상에서 행복하게 사는 것이 아니라 거룩하게 사는 것이다. 거룩한 삶 안에 전능하시며 가장 아름다우시며 사랑 그 자체이신 하나님과의 교제가 있기 때문이다.

하나님의 말씀을 통해 조금씩 배우지만, 우리의 죄에 대한 지식은 그것과 싸워 이기기에는 너무 부족하다. 그러므로 자신의 의지나 능력만 믿고 무턱대고 죄에게 달려들면 승산이 없다. 죄는 이미 우리의 약점과 강점을 모두 파악하고 있기 때문이다. 죄는 우리 자신보다 더 정확히 우리를 알고 있다. 그래서 우리가 강할 때는 자신이 약한 것처럼 위장하고, 우리가 약할 때에는 자신의 이빨을 드러낸다.

죄를 죽이시는 분은 성령님이시다(롬 8:13). 그러므로 우리는 성령님을 의지하는 한편, 진리의 말씀을 통해 죄와 우리 자신에 대해 알아 가는 일에도 힘써야 한다. 죄와 죄의 공격을 받는 자신에 대해 잘 알아야 죄의 속임에 효과적으로 대처할 수 있고 죄의 유혹으로부터 자신을 지킬 수 있기 때문이다.

### ♦ 자기를 들여다보고 답하기

죄는 우리의 강점과 약점을 너무나 잘 알고 있습니다.

## Question 46

# 나도 모르게 너그러워지는 특정한 죄가 있습니까?

"죄가 기회를 타서 계명으로 말미암아
나를 속이고 그것으로 나를 죽였는지라"(롬 7:11)

    죄가 인간 안에서 역사하는 두 가지 방법은 속임(deceit)과 강압(force)이다. 죄의 강압이란, 인간의 의지에 강제력을 행사함으로 죄를 짓게 하는 것인데 주로 욕망을 통해 이루어진다. 죄의 속임이란, 죄의 존재와 작용과 결과를 은폐하거나 착각하게 함으로 인간의 판단을 흐리게 하는 것인데 지성에 간여한다. 그리스도인이 죄의 속임에 넘어가면 특정한 죄악에 대해서 너그러워지게 된다.

    사실 많은 사람들이 자신이 쉽게 저지르는 잘못에 대해서는 대수롭지 않은 것이라 생각한다. 그래서 탈세하는 사람들은 탈세는 얼마든지 허용되는 일이라 생각하면서 폭력은 강력하게 비난하고, 폭력을 쉽게 저지르는 사람들은 폭력은 사소한 문제지만 도둑질은 매우 심각한 죄라고 생각하고, 도둑질을 하는 사람은 자신은 적은 것을 훔치는 생계형 범죄라 괜찮고 거액의 뇌물을 받는 정치인들이 더 나쁘다고 주장한다.

죄는 이런 식으로 사람들을 속인다. 저마다 자신의 입장과 자신의 편의에 맞춰 마음속으로 죄의 기준을 바꾸었기 때문에, 사람들은 죄에 대해 저마다 다른 구별과 기준을 가지게 되었다.

그러나 하나님께서 가지고 계신 죄의 기준은 변하지 않는다. 하나님 없이도 아무렇지 않게 살아가는 것 자체가 죄이고, 하나님을 사랑하지 않는 것이 바로 악이다(렘 2:19).

개별 죄악들에 대해 자기만의 입장을 가지고 근거 없이 너그러워지고 있지는 않는가? 무엇보다 죄의 존재를 가볍게 여기지 않는가? 그것이 곧 죄의 속임의 효과이다.

### ◆ 자기를 들여다보고 답하기

> 죄는 그 크기와 결과를 속여 특정한 죄에 대해 너그러운 태도를 갖게 합니다.

## Question 47

# '죄송하니까 이렇게라도' 하는
# 보상 심리로 신앙생활하고 있습니까?

"화 있을진저 너희 바리새인이여
너희가 박하와 운향과 모든 채소의 십일조는 드리되
공의와 하나님께 대한 사랑은 버리는도다……"(눅 11:42)

죄를 짓고 싶은 욕망이 우리 안에서 솟아날 때, 또는 어떤 죄를 짓고 그 죄책감으로 크게 고통받고 있을 때, 우리는 우리의 다른 장점으로 보상하려는 시도를 한다. 논리적으로 생각하면 터무니없지만 많은 그리스도인들이 이러한 생각을 가지고 있다. 하나님께 잘못했음을 깨달았을 때, 진실한 회개 대신 외적 봉사나 행위로 보상하려 하는 것이다.

그들은 어떤 일에 헌신함으로써 죄에 대한 가책을 외면하거나 도덕적으로 우월한 점들로 자신이 저지른 잘못을 보상하려고 하는데, 이것은 헛된 시도일 뿐이다. 우리는 그런 것들로 우리의 죄를 가리거나 하나님께 끼친 손해를 보상할 수 없다. 우리의 죄가 그런 식으로 해결될 수 있는 것이었다면, 예수님께서 십자가에서 죽으실 필요도 없었을 것이다.

그러므로 우리에게 필요한 것은 죄에 대한 공정하고 올바른 인식이다. 세상 모든 사람들이 죄를 선택한다 할지라도, 하나님의 공의는 변하지 않는다. 하나님께서는 휘지 않는 공의의 법으로 인간과 세계를 통치하신다.

정직하게 자기 자신을 돌아보자. 내가 헌신하고 있는 어떤 섬김은 죄에 대한 보상 심리에서 이루어지고 있지는 않는가? 어떤 선한 행동을 한다는 사실 때문에 죄에 대해 너그러워지고 있지는 않는가?

### ◆ 자기를 들여다보고 답하기

죄는 다른 부분으로 보상할 수 있다고 속여 우리를 특정한 죄에 빠지게 합니다.

## Question 48

# 특정한 욕망에 대한 옹호와 합리화가 죄로 이어진 경험이 있습니까?

"특별히 육체를 따라 더러운 정욕 가운데서 행하며
주관하는 이를 멸시하는 자들에게는 형벌할 줄 아시느니라"(벧후 2:10上)

　인간은 누구나 약점이 있다. 죄에 대해서도 그러하다. 죄는 그것을 간과하지 않는다. 죄의 공격은 항상 거기에 집중된다.
　더구나 인간은 자신의 문제에는 관대해지는 경향이 있다. 그래서 자신에게 유독 강하게 작용하는 어떤 특정한 죄의 욕망이 있으면, 그것을 옹호하고 합리화하려 한다. 이러한 태도는 죄의 실행으로 쉽게 나아가게 하고, 그 죄를 짓고 나서도 죄책감을 덜 느끼게 한다.
　그러므로 특정한 욕망에 대한 불완전한 처리는 평생 그를 따라다니며 힘들게 한다. 혹시라도 특정한 죄의 욕망에 대해 '이 정도는 괜찮아.' 하며 스스로 옹호하고 합리화하고 있지는 않는지 돌아보라. 이러한 성찰은 반복적으로 그 죄를 범하지 않도록 하는 데 꼭 필요하다.

죄는 반복될 경우, 중독과도 같은 증상을 야기한다. 죄에 중독되면, 아무리 몸부림치고 애를 써도 그 죄에서 헤어 나오기 어렵다. 그러므로 우리는 그 어떤 죄나 욕망에 대해서도 공정한 판단을 유지해야 한다.

그리고 자신이 자주 유혹을 느끼는 특정한 죄가 있다면, 그 약점을 지혜롭게 방어할 수 있게 해 달라고 기도해야 한다. 그 부분이 바로 우리를 은혜로부터 미끄러져 부패로 떨어지도록 공격하는 죄에게 유리한 지점이기 때문이다.

◆ 자기를 들여다보고 답하기

특정한 욕망에 대한 옹호와 합리화는 이내 죄의 실행으로 이어집니다.

## Question 49

# 성화의 삶을 살아가고 있습니까?

"……이방인을 제물로 드리는 것이
성령 안에서 거룩하게 되어 받으실 만하게 하려 하심이라"(롬 15:16)

우리가 그리스도인이 되어야 하는 이유는 그것이 참으로 사람이 되는 길이기 때문이다. 그러나 그리스도인이 된다고 해서 곧 참된 사람이 되는 것은 아니다.

신자는 하나님의 성품을 부여받았으나 여전히 옛사람, 곧 죄인의 성품을 지니고 있다. 따라서 더욱 온전한 그리스도인이 되어 감으로써 하나님께서 의도하신 참사람이 될 수 있다. 이 일은 신자의 본성이 죄로부터 순결하게 됨으로써 이루어지는데, 이것을 우리는 성화(聖化)라고 부른다. 따라서 신자는 "거룩해지고 싶다."라는 포괄적 고백에 만족하지 않고, 실제적으로 성령님 안에서 자기 안의 죄가 소멸하기까지 싸워 나가야 한다.

성화는 일체의 성실과 부지런함으로 이루어진다. 여기서 성실이 어떤 목표를 향해서 흔들리지 않고 정진하는 마음의 태도라면, 부지런함은 개별적인 상황에 꺾이지 않고 열심을 내어 분발

하는 것이다. 우리는 성실과 부지런함으로 성화에 참여하지만, 그렇다고 그런 우리의 노력만으로 성화가 일어나는 것은 아니다. 거룩하게 하시는 주체는 성령님이시다.

성화는 선한 일의 실천을 통해 한 사람의 그리스도인이 도덕적으로 단정하게 되어 가는 것이 아니다. 하나님을 온전히 사랑하는 성품으로 변화되어 가는 것이다.

우리는 성화를 통해 참된 그리스도인이 되어 감으로써 하나님께서 의도하신 참인간이 되어 간다. 성화를 통해 인간은 본래 부여받았으나 죄 때문에 흐려진 하나님의 형상을 닮아 간다. 하나님께서는 성화된 자녀들을 통해 더 많이 영광 받으시며, 우리는 성화를 통해 창조의 목적에 부합한 삶을 살아가게 된다. 그러므로 우리에게 거룩함 없이 참된 행복은 없다.

◆ 자기를 들여다보고 답하기

성화는 인간의 성실한 노력으로 말미암는 도덕적 개선이 아니라 성령님의 초자연적 역사입니다.

## Question 50

# 삶의 전 방면에 걸쳐 순종하고 있습니까?

"네가 만일 내가 명령한 모든 일에 순종하고
내 길로 행하며 내 눈에 합당한 일을 하며
내 종 다윗이 행함같이 내 율례와 명령을 지키면
내가 너와 함께 있어 내가 다윗을 위하여 세운 것같이
너를 위하여 견고한 집을 세우고 이스라엘을 네게 주리라"(왕상 11:38)

성화는 삶의 모든 방면에 걸친 총체적인 순종으로써만 가능하다. 성화란 죄인의 전 본성을 새롭게 하는 것이기 때문이다.

진정한 순종은 하나님의 명령 한두 가지를 행하는 것이 아니다. 하나님께 순종한다는 것은 외적인 실천뿐만 아니라 마음에 있는 의도와 생각까지 모두 하나님의 뜻에 합치시키는 것이다.

순종은 그리스도의 구원을 통해 드러난 하나님의 사랑과 자신의 무가치함을 대조하며 기쁘게 복종하는 것이다. "하나님, 어떤 말씀을 하셔도 당신의 말씀에 순종하겠습니다." 하는 자세가 있는가? 나의 방법과 나의 생각과 나의 판단을 모두 내려놓고 하나님의 방법과 하나님의 생각과 하나님의 판단을 받아들일 수 있는 겸허함이 있는가?

우리에게 필요한 것은 내 생각을 꺾고 하나님의 생각 앞에 무릎 꿇는 태도이다. 그리고 삶의 한 단면이 아니라 삶의 전 방면에서 하나님께 순종하는 자세이다.

순종은 겸손이라는 덕에서 나온다. 하나님의 뜻이 자신의 삶의 모든 영역에서 이루어지길 갈망하는 데서 순종할 힘이 나온다. 하나님을 사랑하는 마음이 우리의 삶의 모든 방면에 스며들 때, 우리는 죄와 불순종을 극복할 수 있다.

◆ **자기를 들여다보고 답하기**

> 밖으로 드러나는 삶뿐 아니라 마음에 도사린 의도와 판단까지 모두 하나님의 뜻에 합당하기를 추구하는 총체적인 순종의 삶이 있을 때, 우리는 죄를 이기며 살 수 있습니다.

Falling Away
from
Grace

**은혜에서 미끄러질 때 4**

# 실천 없이 개념적인 지식만 쌓일 때

## Question 51

# 실제의 삶 속에서 죄와 싸우고 있습니까?

"너희가 죄와 싸우되
아직 피흘리기까지는 대항하지 아니하고"(히 12:4)

어느 그리스도인이 목회자에게 물었다. "그리스도인이 행복해지려면 무엇을 해야 합니까?" 그는 이렇게 대답했다. "죄를 죽이면 됩니다." 그리스도인이 다시 물었다. "그것은 어린애들도 아는 답입니다." 목회자가 다시 대답했다. "그렇습니다. 그러나 어른들도 실천하기 어려워하는 일입니다."

머리에 아무리 많은 지식이 있어도 그것이 삶을 통해 실천되지 않으면 아무것도 달라지지 않듯, 죄에 대해 아무리 많이 알고 있어도 실제로 죄를 죽이는 삶을 실천하지 않으면 신자의 본성은 달라지지 않는다.

그래서 어느 청교도는 이렇게 말했다. "만약 여러분이 하나님의 위대한 말씀을 체험하지 못하고 단지 지식으로만 성경을 안다면, 여러분이 그런 지식을 통해서 어떤 신학적인 입장에 선다 하더라도 사단은 아무 관심이 없을 것입니다. 어차피 여러분은 그에게 도전할 사람이 아니기 때문입니다."

우리가 죄와 맞서 싸우지 않는 한, 죄는 우리를 두려워하지 않는다. 그러므로 우리는 지식으로 죄를 분별하고 마음으로 죄를 미워하는 데서 그치지 말고, 실제로 죄에 맞서 싸우는 성화의 삶을 살아가야 한다. 그렇게 함으로써 신자는 충만한 예수님의 생명을 누리게 된다.

 **자기를 들여다보고 답하기**

> 죄는 하나님의 말씀의 빛 앞에서 정체가 폭로되어도, 우리의 실천적인 죄 죽임이 동반되지 않는 한 죽지 않습니다.

## Question 52

## 왜 진리를 알고자 합니까?
## 지적 호기심을 충족하기 위해서입니까?

"내가 주의 계명들을 사모하므로
내가 입을 열고 헐떡였나이다"(시 119:131)

하나님에 관해 탐구하는 인간의 동기는 두 가지이다. 하나는 하나님을 경배하기 위해서이고, 다른 하나는 어떤 새로운 것을 알고자 하는 지적 호기심 때문이다. 실제로 유럽에는 그리스도인이 아니면서도 신학자가 된 사람들이 있다. 이들은 본성적인 지적 호기심으로 하나님을 연구한다. 그리고 그 지식으로 자신만의 학문을 세운다. 우리는 하나님을 더 사랑하고 하나님의 뜻에 순종하기 위해서 성경 말씀을 배워야 한다.

자기 만족을 위한 지식의 욕구는 세상 사랑이다(요일 2:15-16). 그것은 진정으로 하나님을 아는 지식을 취하는 방식이 아니다. 하나님을 아는 지식을 구하는 동기는 하나님을 알고 사랑하고자 하는 것이어야 한다. 자기 만족이나 자랑을 위한 것이어서는 안 된다. 그래서 경건과 지식은 마차의 두 바퀴처럼 나란히 간다.

단지 호기심에 이끌려 지식을 찾는 것은 우리의 영적 삶을 풍요롭게 하지 못한다.

물론 처음에는 단순한 지적 호기심으로 시작했다가도 그것을 계기로 믿음을 갖게 되기도 한다. 그러나 성화의 길에 도움을 줄 진리의 빛을 얻기 위해 성경 연구를 시작했다가 차가운 지적 호기심으로 흐르는 경우도 많은 것 역시 사실이다. 그러므로 말씀을 추구하는 일에는 언제나 세심한 자기 성찰이 뒤따라야 한다. 진리를 따르는 일은 자신의 삶 전체로 하는 일이다.

무엇을 위해 진리를 추구하고 있는가? 우리는 말씀을 깨닫는 것에서 만족하지 않고, 어찌하든지 그 말씀을 실천하고자 하는 자세를 가져야 한다.

◆ **자기를 들여다보고 답하기**

> 깨달아 순종하기 위해 진리를 추구하는 것은 거룩한 갈망이지만, 새로운 것을 알기 위해 진리를 추구하는 것은 본성적인 지적 호기심일 뿐입니다.

## Question 53

# 날마다 더 진리를 알아 가고 있습니까?

"너희는 여호와의 선하심을 맛보아 알지어다
그에게 피하는 자는 복이 있도다"(시 34:8)

 

어떤 방식으로 진리를 알아 가고 있는가? 그리스도인이 개념적으로만 지식을 축적할 때, 그의 영혼은 생명에서 멀어진다. 개념적 지식으로 만족하는 신자는 그 말씀을 실천하고자 고민하지 않고, 실천이 없는 지식은 성화에 기여하지 못하기 때문이다. 거룩한 열매를 맺지 못하는 삶은 예수 그리스도께서 우리를 구원하신 목적에 배치된다(요 15:8).

언젠가 맛있는 피자를 먹었다. 그리고 집에 와서 딸에게 그 피자의 맛을 설명했다. 피자를 좋아하는 딸은 관심 있게 내 이야기를 들었다. 요리에 재능도 있기에 내 말을 잘 알아들었다. 그러나 그것은 단지 정보일 뿐이었다. 딸은 그 피자를 나만큼 먹고 싶어하지 않았다. 나는 그 집 이름만 들어도 입에 침이 고이는데, 딸은 "그게 그렇게 맛있어요?" 할 뿐이었다. 하지만 얼마 후 함께 그 레스토랑을 방문해 피자를 맛본 다음, 딸의 반응은 달라졌다. 이제 우리 둘은 그 피자에 대해 많은 말을 하지 않는다. 내가 그 피자에 대해 그거라고만 말해도 어떤 맛인지 알고 있기 때문이다.

하나님을 안다는 것은 개념적으로 이해하는 것이 아니라 경험적으로 맛보아 아는 것이다. 맛보아 안다는 것은 감각의 총체적 경험이다. 그리스도인은 진리에 대한 올바른 이해 위에 경험적인 이해의 과정을 통해 경건의 신비에 도달한다. 그리고 그렇게 경험을 통해서 터득된 진리는 우리를 사랑과 지식으로 충만하게 한다.

### ◆ 자기를 들여다보고 답하기

진리를 아는 방식은 두 가지가 있습니다. 바로 경험적 이해와 개념적 이해입니다.

# Question 54

## 머리에 쌓인 지식이 가슴으로 내려오고 있습니까?

"명철한 자의 마음은 지식을 얻고
지혜로운 자의 귀는 지식을 구하느니라"(잠 18:15)

　경험적 지식은 단지 머리로만이 아니라 가슴으로 경험된다. 하지만 개념적 지식은 다만 이해와 기억에 머문다. 그래서 이해한 것 같으나 참으로 안 것은 아닌 지식이다. 개념적 지식은 사변적인 것이라 건조하기 쉽다.

　직접 아이를 낳아 본 여인과 그저 출산에 관해 많은 지식을 갖고 있을 뿐인 사람 중 출산이 무엇인지 정말 제대로 아는 사람은 누구일까? 실제로 출산의 고통을 겪어 본 사람만이 출산이 무엇인지 안다. 의학적 지식은 산부인과 전문의에게 많을지라도 출산하는 여인의 고통을 공감하는 사람은 엄마들이다.

　지식이 마음으로까지 내려와야 하는 이유는 단지 생각에 머무는 지식으로는 그리스도인다운 삶을 살아갈 수 없기 때문이다. 우리의 거룩한 삶은 생각에서 시작되지만, 마음에서 우러나오는 풍부한 삶의 실천으로 완성된다. 그러므로 우리는 머리로 발견한 지식을 가슴에 담아야 한다. 그 일은 항상 경험적 이해로만 가능하다. 손으로 재면 두 뼘밖에 되지 않지만, 머리부터 가슴까지의 거리만큼 먼 것은 없다.

진리를 알아 가고 있는가? 그 지식의 자리는 차가운 지성의 창고인가, 은혜로 따뜻하게 젖은 마음인가? 거룩한 삶을 가능하게 하는 지식은 지성의 창고에 쌓인 먼지 묻은 지식의 파편들이 아니라 하나님 사랑에 눈물 흘리는 신자의 마음에 담긴 지식이다.

◆ **자기를 들여다보고 답하기**

> 진리를 개념적으로만 이해한 사람의 지식은 머리에만 머물 뿐 가슴으로 내려오지 않습니다.

## Question 55

# 지식을 통해 총명을 누리고 있습니까?

"내가 말하는 것을 생각해 보라
주께서 범사에 네게 총명을 주시리라"(딤후 2:7)

 

우리에게 지식이 필요한 이유는 그 지식을 통해 진리에 도달하기 위함이다. 개념적으로만 지식이 증가할 때는 이미 은혜에서 미끄러져 있는 것이다. 이렇게 개념적 지식만 쌓는 이들의 영혼은 위험하다. 자신의 지식을 믿고 교만해지거나, 그 지식을 남을 비판하는 데 사용하기 쉽기 때문이다.

우리에게 지식이 필요한 이유는 총명해지기 위함이다. 총명은 머리로 받아들인 지식이 마음에까지 반영된 결과로, 다시 말하면 지식이 경험적 이해로 이어지면서 더하여지는 것이다.

진리를 개념적으로 이해했던 대표적인 사람들이 바로 바리새인들이다. 그들은 다른 사람들을 가르칠 때, 마음이 아닌 머리에서 지식을 꺼냈다. 그래서 그들의 가르침은 늘 메마르고 힘이 없었다. 하지만 예수님의 가르침은 힘과 권세가 있었다(마 7:29).

진리를 경험적으로 깨달은 사람들은 늘 마음에서 진리를 꺼내

가르친다. 그것은 혼란스럽거나 주관적이지 않다. 왜냐하면 지성의 명료한 인식이 경험을 통해 마음으로 내려간 것이기 때문이다. 그리하여 그들의 가르침은 비록 말이 어눌할지라도 개념적 지식으로만 가르치는 것보다 더 큰 감화력이 있다.

습득한 말씀의 지식이 마음에까지 내려와 삶에 적용되고 있는가? 진리를 알아 가는 일보다 더 중요한 것은 그것을 마음에까지 담고 삶을 통해 흘려보내는 일이다.

### 자기를 들여다보고 답하기

개념적 지식은 총명을 가져다주지 못합니다. 진리를 경험적으로 알아 가며, 날마다 더욱 총명해져 가는 그리스도인이 되고 싶다고 기도해야 합니다.

## Question 56

# 진리에 의해 삶이 고쳐지고 있습니까?

"너희는 말씀을 행하는 자가 되고
듣기만 하여 자신을 속이는 자가 되지 말라"(약 1:22)

1740년, 영국의 캠버슬랭에서 한 무명의 설교자가 예수 그리스도의 십자가 대속에 대해 설교했다. 그 설교를 듣고 많은 사람들이 회심했는데, 그중에는 그곳 신학교의 교리학 교수도 있었다. 그 교수는 그날 이렇게 고백했다. "이제껏 나는 교리학을 가르치며, 속죄하신 예수 그리스도를 학생들에게 가르쳐 주었습니다. 그러나 나는 그 예수님을 오늘에서야 만났습니다."

사도 바울도 비슷한 경험을 하였다. 회심하기 전에도 그는 하나님과 그분이 보내실 메시아에 대해 많은 지식을 갖고 있었다. 그러나 그의 삶이 완전히 달라진 것은 다메섹 도상에서 부활하신 그리스도를 만난 이후였다.

그때 그에게 경험적인 지식의 세계가 열렸다. 그리고 그제야 그는 예수 그리스도가 누구이신지, 그분의 십자가 죽음과 부활의 의미는 무엇인지 깨닫게 되었다. 그리스도는 세계와 인류에 대한 하나님의 위대한 경륜의 비밀이었다. 그리스도와의 만남을 통해 그 비밀에 눈뜬 그는 이후 일평생 십자가의 신학적 의미에 붙들려 살았다.

개념적인 지식으로는 아무것도 달라지지 않는다. 삶을 고치는 것은 언제나 진리에 대한 경험이다. 진리를 경험하기 원하는가? 진리를 경험하기 위해서는 하나님께 대한 믿음과 간절한 기도가 필요하다. 하나님의 말씀에 자신의 모든 것을 걸고 순종하겠다는 결단이 필요하다.

### ◆ 자기를 들여다보고 답하기

> 개념적 지식은 삶을 고치지 못합니다.

## Question 57

# 지식 때문에 교만해집니까?

"우상의 제물에 대하여는 우리가 다 지식이 있는 줄을 아나 지식은 교만하게 하며 사랑은 덕을 세우나니"(고전 8:1)

　지식은 사람을 교만하게 하는 특징이 있다. 우리는 남들이 모르는 것을 알 때 우월감을 느낀다. 그리고 그때 다른 사람을 얕잡아 보는 마음이 생겨난다. 그리스도인은 그런 감정을 즐기지 말아야 한다. 그런 마음 안에서는 지식이 그를 거룩하게 하는 수단이 아니라 오만하게 하는 수단에 불과하다.

　그러므로 우리는 지식에 대해 공정하고 올바른 견해를 가져야 한다. 지식을 자기만족의 수단으로 삼는 것을 경계하고, 지식의 가치는 거룩한 삶에 유용하게 사용될 때 비로소 빛을 발함을 명심해야 하는 것이다.

　설령 그것이 하나님에 관한 지식이라 할지라도, 호기심을 충족시키기 위해 알고자 하는 것이라면, 우리를 거룩함에 이르게 하지 못한다. 넓은 의미에서 그것은 육신의 일을 도모하는 것에 지나지 않는다.

사람들은 말씀에 대한 지식이 많은 것을 자랑하는데, 영적 유익의 측면에서 보면 개념적인 지식만 많은 것은 지식이 적은 것보다 더 나쁠 수 있다. 많은 지식으로 교만해진 마음보다는 적은 지식으로 겸비한 마음이 하나님을 만나기에 적합한 마음이기 때문이다.

교만한 마음은 단지 개념적으로만 지식을 쌓고 있다는 증거이다. 참된 진리는 결코 그런 식으로 습득되지 않는다. 물이 높은 곳에서 낮은 곳으로 흐르는 것처럼 은혜와 진리도 겸손한 마음을 가진 자에게로 흐른다.

### 자기를 들여다보고 답하기

개념적 지식은 교만을 가져옵니다.

## Question 58

# 진리를 경험적으로 알아 가고 있습니까?

"지혜 있는 자는 강하고
지식 있는 자는 힘을 더하나니"(잠 24:5)

하나님에 대한 경험적인 지식이 자라 가고 있는가? 말씀의 지식 위에 부어지는 하나님의 능력이 있는가?

성경의 인물들이 보여준 온전한 삶은 하나님을 아는 지식으로부터 비롯되었다. 그래서 성경은 우리에게 끊임없이 지식을 소유하라고 권면한다.

"너희가 은을 받지 말고 나의 훈계를 받으며 정금보다 지식을 얻으라"(잠 8:10).

"지혜의 그늘 아래에 있음은 돈의 그늘 아래에 있음과 같으나, 지혜에 관한 지식이 더 유익함은 지혜가 그 지혜 있는 자를 살리기 때문이니라"(전 7:12).

호세아 선지자는 이스라엘이 하나님을 버린 것과 하나님을 아는 지식을 버린 것을 동일시한다.

"내 백성이 지식이 없으므로 망하는도다 네가 지식을 버렸으니 나도 너를 버려 내 제사장이 되지 못하게 할 것이요 네가 네 하나님의 율법을 잊었으니 나도 네 자녀들을 잊어버리리라"(호 4:6).

신약 성경이 보여주는 영적 성숙은 베드로의 다음과 같은 축복으로 요약된다.

"오직 우리 주 곧 구주 예수 그리스도의 은혜와 그를 아는 지식에서 자라 가라 영광이 이제와 영원한 날까지 그에게 있을지어다"(벧후 3:18).

진리를 아는 참된 지식은 우리를 거룩하게 만든다. 하나님을 아는 지식이 경험적인 이해를 통해 가슴으로까지 내려와 마음에 영향을 미치고 있다면, 우리의 본성은 변화되어 갈 것이다.

### ◆ 자기를 들여다보고 답하기

진리에 대한 경험적 지식은 마음에 적용되어 총명으로 나타나고, 거룩한 삶의 실천으로 이어집니다.

## Question 59

# 어떤 예배를 드리고 있습니까?
# 예배가 은혜의 요람이 되고 있습니까?

"아버지께 참되게 예배하는 자들은
영과 진리로 예배할 때가 오나니 곧 이때라
아버지께서는 자기에게 이렇게 예배하는 자들을 찾으시느니라"(요 4:23)

하나님의 말씀에 대한 경험적 지식은 강의실이 아니라 은혜의 요람에서 전수된다. 진리를 경험적으로 깨닫는 데 있어서 가장 필수적인 조건은 성령님의 은혜이기 때문이다.

하나님에 대한 경험적 지식은 하나님을 경배하며 살고자 하는 삶의 현장에서 성령님의 은혜와 함께 주어진다. 삶은 넓은 의미의 예배이고 예배는 좁은 의미의 삶이기에, 성령님께서 역사하시는 은혜로운 예배야말로 경험적 지식의 산실이다.

예수 그리스도께서 십자가에서 죽으신 것은 우리를 하나님을 섬기는 자로 다시 세우기 위함이었다. 예배는 이러한 신학적 구도를 보여주는 가장 정확한 그림이다. 이러한 사실을 기억할 때, 누가 방종에 가까운 예배를 드릴 수 있겠는가? 어떻게 형식적인 예배를 드리며 만족할 수 있겠는가?

예배를 통해 경험적 지식에서 자라 가려면, 먼저 믿음과 사랑으로 예배를 드리는 사람이 되어야 한다. 경배하는 태도로 하나님을 갈망하며 예배에 참석하고 있는가?

　매 주일의 예배를 경험적 지식이 전수되는 은혜의 요람이 되게 하자. 우리의 예배 가운데 성령님께서 함께하시도록 기도하자. 혹시라도 자신이 드리는 예배가 경배의 현장이 되고 있지 않다고 생각된다면, 간절히 예배의 회복을 구하자.

　예배의 회복 없이는 풍성한 지식도, 그 지식으로 말미암는 풍성한 삶도 없으므로…….

### ◆ 자기를 들여다보고 답하기

진리에 대한 경험적 지식은 은혜의 요람에서 태어납니다.

## Question 60

# 진리를 따라 살고자 몸부림치는 삶의 현장이 있습니까?

"형제들이 와서 네게 있는 진리를 증언하되
네가 진리 안에서 행한다 하니 내가 심히 기뻐하노라
내가 내 자녀들이 진리 안에서 행한다 함을 듣는 것보다
더 기쁜 일이 없도다"(요삼 1:3-4)


은혜의 요람에서 전수된 하나님을 아는 지식은 분투하는 삶의 현장에서 자란다. 그래서 선한 사람이 되고자 애쓰는 삶의 자세는 하나님을 아는 지식이 풍성하게 성장하기 좋은 환경이다. 아는 바를 행함으로 나타내고자 몸부림치고 있는 삶의 현장이 있는가? 그 몸부림이 진실하고 치열할수록 하나님의 경륜과 비밀에 대한 우리의 이해는 깊어진다.

매 주일 눈물을 흘리며 말씀을 듣고 '아, 이렇게 살면 되겠구나!' 하는 마음을 갖는다 할지라도, 실제의 삶 속에서 알게 된 바를 살아 내려고 애쓰지 않으면 그 마음은 열매 맺지 못한다. 책꽂이가 넘치도록 책을 사서 읽어도, 다이어리가 새까맣게 되도록 면밀하게 계획을 세워도, 진지한 실천이 없다면 그것은 단지

자기 위안에 불과하다. 하나님께서 거룩함을 추구한 발자취로 여겨 주실 것은 의도와 계획이 아니다. 진리대로 사는 것을 힘들어 하는 자신을 붙들고 흘린 눈물과, 세상이 가는 대로 따라가며 쉽게 살라는 유혹에 맞섰던 치열한 몸부림이다. 이런 과정을 통해 진리는 그 사람의 인격 안에 체화(體化)된다.

그러므로 우리는 알게 된 진리를 실천하는 일에 최선을 다해야 한다. 실천 없이 지식만 쌓는 것은 하나님의 말씀으로 정신적인 유희를 즐기려는 것에 불과하다. 어찌하든지 그 진리를 내 삶 속에 녹여 내고자 해야 한다(빌 1:20). 진리를 아는 참된 지식은 그것을 따라 살고자 하는 전인적인 추구 속에서 확장되고 깊어진다.

### ◆ 자기를 들여다보고 답하기

> 진리에 대한 경험적 지식은 치열한 삶의 현장에서 자라납니다.

Falling Away
from
Grace

**은혜에서 미끄러질 때 5**

자기 부인이 사라져 갈 때

## Question 61

# 자기의 생각과 의지를 꺾고 하나님의 뜻에 따르고자 합니까?

"이에 예수께서 제자들에게 이르시되
누구든지 나를 따라오려거든 자기를 부인하고
자기 십자가를 지고 나를 따를 것이니라"(마 16:24)

　그리스도인이 영적으로 부패하는 것은 자기 부인이 없는 삶을 살기 때문이다. 예수님께서는 "누구든지 나를 따라오려거든 자기를 부인하고 자기 십자가를 지고 나를 따를 것이니라"(마 16:24)라고 말씀하셨다. 여기서 자기 부인이란 하나님의 뜻 때문에 자신의 생각과 의지를 꺾고 자기 사랑을 버리고 복종하는 것을 말한다. 하나님께서 원하시는 대로 사는 것이 나에게도 마냥 기쁘기만 하다면 얼마나 좋을까? 그러나 실제로 우리는 하나님의 뜻과 다른 것을 좋아하고 의지한다.

　신앙이 깊어질수록 우리 안에 자리 잡은 이기심과 위선도 교묘하게 작용한다. 하나님의 뜻이 이루어지도록 살기 위해서는 그것을 찾아내는 총명과 지식이 필요하다. 그 과정에서 우리는 자기를 부인하라는 신앙의 요구를 듣는다. 그때 자기 뜻을 버리기 싫어하는 나를 부인하고 "아멘." 해야 한다. 이것이 은혜의 상태를 유지하며 사는 비결이다.

하나님의 말씀 앞에서 자기를 부인하고 있는가? 하나님께서 명령하시면 내가 좋아하는 것을 그만두고 사랑하는 것도 아낌없이 버릴 수 있는가?

자기 부인 없는 삶은 궁극적으로 짐승과 같은 삶을 지향한다. 그렇게 사는 사람에게 어떻게 풍성한 은혜가 깃들겠는가? 마음이 은혜로부터 멀어져 부패하지 않으려면 자기 부인의 삶을 살아야 한다. 자기 부인의 삶은 아프지만, 그 후에는 언제나 은혜와 기쁨이 뒤따른다.

### ◆ 자기를 들여다보고 답하기

자기 부인이 없는 삶을 살아가면, 은혜의 상태를 유지할 수 없습니다.

## Question 62

# 날마다 마음을 지키려 애쓰고 있습니까?

"모든 지킬 만한 것 중에 더욱 네 마음을 지키라
생명의 근원이 이에서 남이니라"(잠 4:23)


농작물을 키울 때 가장 귀찮은 것이 잡초이다. 잡초를 그대로 두면 땅의 양분을 가로채 작물의 성장을 방해한다. 그래서 농부에게 잡초를 제거하는 일은 일상적인 것이다.

우리의 영적 생활도 마찬가지이다. 우리의 마음 안에는 부패한 성품이 남아 있어 은혜를 소진시킨다. 그래서 죄 가운데 사는 신자는 종종 은혜를 경험해도 그 죄를 억제하는 데 소비해 버려 거룩한 삶의 진보가 없다. 그러므로 농부가 매일 잡초를 뽑듯, 우리도 매일 우리 마음의 죄의 싹들을 뽑아내야 한다.

그러면 죄의 싹들은 어떻게 뽑을 수 있을까? 바로 자기 부인을 통해서이다. 자기 부인이란 옛사람의 생각, 욕망, 의지를 버리는 것이다.

이 일은 매우 어렵다. 그러나 그것을 실행하려는 사람들은 성령님께서 도우신다. 자기를 부인하는 실천 가운데 성령님께서는 우리 영혼을 진리와 사랑으로 충만하게 하신다.

자기 부인의 삶은 죄의 욕망 안에서는 힘든 일이지만, 하나님을 향한 사랑 안에서는 특권이다. 왜냐하면 자기 부인의 경험을 통해 하나님과의 보다 깊은 사랑 속으로 들어가기 때문이다.

자기 부인 없이는 하나님을 누릴 수 없다. 자기 부인의 힘은 성령님 안에서 하나님께 붙어 있고자 하는 사랑의 마음에서 나온다.

### ◆ 자기를 들여다보고 답하기

우리 안에 남아 있는 내적 부패성 때문에, 우리에게는 자기 부인이 필요합니다.

## Question 63

## 죄의 유혹을 잘 분별해 거절하고 있습니까?

"이는 우리가 이제부터 어린아이가 되지 아니하여
사람의 속임수와 간사한 유혹에 빠져 온갖 교훈의 풍조에 밀려
요동하지 않게 하려 함이라"(엡 4:14)

성화의 여정에서 자기 부인이 필요한 또 하나의 이유는 신자가 받고 있는 유혹 때문이다. 유혹은 세상이나 세상에 있는 것들로부터 오나, 사실 그것은 우리의 마음에서 비롯된다(마 15:19).

신자를 향한 유혹은 세 가지 종류로 나눌 수 있다. 첫째로, 우리에게 늘 있는 시험이다. 둘째로, 죄의 크기와 결과를 속여 우리로 하여금 죄를 친근하게 느끼게 하는 것이다. 셋째로, 어떤 특정한 정욕을 부추겨 범죄하도록 하는 강한 끌림이다.

이러한 유혹들을 분별하고 있는가? 악한 유혹의 손짓을 거절하는 삶을 살고 있는가? "우리를 시험에 들게 하지 마시옵고 다만 악에서 구하시옵소서"(마 6:13).

죄의 유혹을 이기는 첫 번째 방법은 자기 부인이다. 조용히 일상을 돌아보자. 하루에도 얼마나 많은 죄의 유혹이 밀려오는가? 우리가 매일 기도해야 할 이유가 여기에 있다. 보고 듣고 만지

는 것들뿐 아니라 상상을 통해서도 셀 수 없이 많은 유혹들이 우리에게 다가온다. 우리는 이에 대해 말씀의 빛으로 판단하며, 죄된 생각을 버리고 감정의 방향을 바꾸어야 한다.

자기 부인 없이 살아가기에 우리의 삶은 너무나 위험하다. 맛있어 보인다고 덥석 먹기엔 독이 든 음식들이 너무나 많은 것이다. 하고 싶다고 다 하는 것이 아니라 하나님의 말씀에 비추어 부인할 것은 부인해야 하는 이유가 여기에 있다.

### ◆ 자기를 들여다보고 답하기

외적 유혹들이 많기 때문에, 우리에게는 자기 부인이 필요합니다.

## Question 64

# 신앙적 의무에 대한 올곧은 인식이 있습니까?

"내가 주의 법도들과 증거들을 지켰사오니
나의 모든 행위가 주 앞에 있음이니이다"(시 119:168)

의무에 대한 올곧은 인식이 있을 때 비로소 우리는 자기 부인을 실천할 수 있다. 그러나 많은 그리스도인이 영혼의 상태에 따라 의무에 대한 인식도 달라지는 삶을 산다. 무엇을 해야 하고, 무엇을 하면 안 되는지에 대한 인식은 영혼이 은혜의 상태에 있을 때 가장 명료하다. 판단력과 윤리성이 여기서 나온다. 그 마음에 하나님의 말씀이 살아 있기 때문이다.

의무에 대한 올곧은 인식이란, 곧 하나님의 말씀이 규정하는 그리스도인의 의무에 대한 명확한 인식이다. 진리는 올바르게 받아들여지기만 하면, 삶과 마음에 적용하지 않을 수 없다. 이것이 진리의 힘이다. 올바른 기준이 없으면, 자기 부인의 삶을 살 수 없다. 무엇을 부인하고 무엇을 시인해야 하는지 기준이 모호해지기 때문이다.

신앙생활을 하다 보면 신앙적 의무들을 열렬하게 이행하는 때가 있는가 하면, 마지못해 행하는 때도 있다. 그러나 해야 할 것과 하지 말아야 할 것에 대한 기준이 달라져서는 안 된다.

진리는 우리가 누구인지, 우리의 마땅한 의무는 무엇인지 명백하게 말해 준다. 그러므로 우리는 하나님의 말씀이 우리에게 요구하는 바가 무엇인지 인식하고, 올곧은 의지와 올바른 감정 안에서 그 인식을 유지해야 한다. 하나님을 기쁘시게 하는 삶이 거기서 나온다.

### ◆ 자기를 들여다보고 답하기

자기 부인의 삶을 살기 위해서는 의무에 대한 올곧은 인식이 있어야 합니다.

## Question 65

# 마땅히 행해야 할 의무를
# 상황에 따라 회피하거나 축소하고 있습니까?

"그렇게 하지 아니하실지라도 왕이여 우리가 왕의 신들을 섬기지도 아니하고
왕이 세우신 금 신상에게 절하지도 아니할 줄을 아옵소서"(단 3:18)

　자신이 누구인지 아는 데서 자신이 무엇을 해야 하는지에 대한 인식이 나온다. 그러나 이것만이 의무의 올곧은 인식의 전부는 아니다. 의무에 대한 올곧은 인식은 모든 상황 속에서 의식과 마음이 그 인식을 놓치지 않는 것을 포함한다.

　범죄는 순간에 실행되나, 긴 시간 동안 준비된다. 그 준비가 쌓여 결정적인 순간 자신의 의무에 대한 인식을 놓치게 만드는 것이다.

　누군가가 항상 그림자처럼 따라붙어 우리가 범죄하려 할 때마다 우리가 누구인지 무엇을 해야 하는지 상기시켜 준다면 범죄는 현저하게 줄 것이다. 그러나 누가 그 일을 하겠는가? 또 그렇게 한들 누가 듣겠는가? 그래서 신자는 신앙 안에서 성령님을 의지하지 않을 수 없다.

우리는 삶의 모든 상황 속에서 자기의 의무를 정당하게 인식하고 그것을 놓치지 말아야 한다.

다니엘의 세 친구를 보라. 그들은 왕의 신상에 절하는 않는다는 이유 때문에 풀무불에 던져질 위기에 놓였다. 그러나 그들은 풀무불에서 죽더라도 금 신상에 절하지 않겠다고 말한다(단 3:18). 그들은 어떤 상황에 처하든지 그 상황을 모면하는 것보다 자신들의 신앙적 의무를 다하는 것이 더 중요함을 알았다.

모든 상황 속에서 의무를 인식하고 있는가? 상황에 맞춰 의무를 회피하거나 축소하고 있지는 않는가? 신앙은 그 어떤 상황에서도 자신의 본분을 지키는 것으로 입증된다.

### ◆ 자기를 들여다보고 답하기

의무를 올곧게 인식한다는 것은 상황이 달라져도 의무에 대한 인식이 바뀌지 않는 것입니다.

## Question 66

# '현실적으로'라는 핑계 뒤에 숨어 세상과 적당히 타협하고 있습니까?

"모든 회중이 큰소리로 대답하여 이르되 당신의 말씀대로 우리가 마땅히 행할 것이니이다"(스 10:12)

신자의 올곧은 삶에 대해 말하면, 자주 듣게 되는 변명이 있다. "목사님이 세상을 너무 모르시네요. 현실적으로 그렇게 사는 것은 힘들어요."

그러나 힘들지 않은 순전한 삶이 어디 있겠는가? 분명한 사실이 있다. '현실적으로'라는 모호한 말 뒤에 숨어 순종하지 않는 자신을 합리화하는 사람치고 바르게 신앙의 길을 걸어가는 사람은 없다는 것이다. 성경에서 칭찬받는 삶을 산 신앙의 선배들은 모두 '비현실적인' 삶을 산 사람들이었다. 종종 있었던 그들의 미끄러짐은 현실적인 선택을 했기 때문이었다.

그리스도인의 삶은 상황적이지만, 진리의 표준은 상황적이지 않다. 마치 바다를 항해하는 배는 이리저리 뱃길을 바꾸지만, 항로를 알려 주는 북극성은 언제나 그 자리에 있는 것처럼.

상황이 요구하면 하나님도 세상과 바꿀 것인가? 순종하며 의무를 행하는 것은 쉽지 않다. 그러나 그것이 우리의 영혼을 지키는 안전한 길이다. 진리를 따라 올곧게 살아가는 사람들은 하나님을 향해서는 갈대처럼 부드럽지만, 세상을 향해서는 대나무같이 꼿꼿하다.

여러분은 어느 쪽인가? 진리의 규범을 적당히 타협하고 있지는 않는가? 의무를 올곧게 인식하고 있는 그리스도인은 그 어떤 환경에서도 올곧게 순종하며 살아간다. 그리고 온 세상이 그렇게 하나님께 순종하게 하는 것이 우리의 소명이다(롬 1:5).

◆ **자기를 들여다보고 답하기**

의무를 올곧게 인식한다는 것은 올곧게 그 의무를 따라 행한다는 것입니다.

## Question 67

## 의무에 반하는 생각과 욕구를 의지로 통제하고 있습니까?

"주께서 내 마음을 시험하시고 밤에 내게 오시어서
나를 감찰하셨으나 흠을 찾지 못하셨사오니
내가 결심하고 입으로 범죄하지 아니하리이다"(시 17:3)

의무를 올곧게 인식하기 위해서는 그 의무에 반하는 생각과 욕구들을 의지로 적절히 통제해야 한다. 또한 이 일을 위해서는 '우리의 의지가 잘못된 생각과 욕구들을 적절히 통제하고 있는가?' 하고 끊임없이 반성하는 일이 필요하다.

많은 사람들에게 받아들여지고 있는 오류와 악들은 우리의 양심을 무뎌지게 한다. 그리고 그 가운데 우리는 아주 서서히 성경적 가치관에서 세속적 가치관으로 이동한다. '왜 굳이 힘든 길을 가려고 해? 괜찮아. 이 정도는 큰 잘못이 아냐. 우리가 완벽할 수 없다는 사실을 하나님께서 더 잘 아셔. 편하게 생각해. 죄인도 사랑하시는 하나님이야.' 하고 생각하게 되는 것이다.

모든 인간이 하나님의 무한한 사랑의 대상이다. 그러나 모든 인간의 가치가 동일한 것은 아니다. 성경이 칭찬하는 한 인간의 가치는 선한 의지의 크기에 달려 있다. 의무를 올곧게 인식하고 순종으로 그 길을 걷는 것은 선한 인간의 표지이다. 선한 의지가 클수록 의무에 반하는 생각과 욕구들에 더 적극적으로 대항한다.

범죄하지 않으려는 시인의 의지와 결단을 보라. "주께서 내 마음을 시험하시고 밤에 내게 오시어서 나를 감찰하셨으나 흠을 찾지 못하셨사오니 내가 결심하고 입으로 범죄하지 아니하리이다"(시 17:3). 의무에 대한 올곧은 인식은 이처럼 그 의무를 실행하는 데 방해가 되는 것들을 통제하는 의지와 결단을 동반해야 한다.

### ◆ 자기를 들여다보고 답하기

의무를 올곧게 인식한다는 것은 그 의무에 반하는 생각과 욕구를 의지로 적절히 통제한다는 것입니다.

# Question 68

## 은혜를 지속적으로 누리기 위해 의지를 활용하고 있습니까?

"너희 안에서 착한 일을 시작하신 이가
그리스도 예수의 날까지 이루실 줄을 우리는 확신하노라"(빌 1:6)

우리에게는 매일 수만 가지의 생각이 스쳐 간다. 그 수만 가지 생각 중 마음에 착상되는 것은 의지가 붙드는 생각이다. 그래서 우리는 특정한 죄가 마음에 착상하기 위해서는 생각의 참여와 의지의 동의가 필수적이라 말한다. 생각이 특정한 죄를 선택할 때 뒤따르는 결과에 눈을 감으면, 의지는 적극적으로 그 죄를 열망한다. 그렇게 마음이 죄를 붙들면 죄는 그 안에서 자라 가며 행위로 산출될 때를 기다린다.

무수한 씨앗들이 바람에 흩날리는 광경을 떠올려 보자. 그중 하나가 땅에 떨어진다. 그리고 조금씩 조금씩 흙 속으로 파고 들어가 뿌리를 내린다. 이때 씨앗이 생각이라면, 그 씨앗이 땅에 떨어지고 흙 속으로 파고 들어가 썩도록 허락하는 것은 의지이다. 생각이 우리의 마음에 죄의 씨앗을 떨어뜨려도 의지가 그것을 거부하면 마음에 착상될 수 없다. 마치 땅에 떨어진 씨를 바람에 날려보내면 땅에 심겨지지 않는 것처럼 말이다.

의지는 이처럼 죄가 그리스도인의 마음과 삶에 침투하는 데 있어 결정적인 권한을 행사한다. 이러한 사실은 죄가 우리의 마음으로 들어오는 것을 통제함에 있어서 의지의 역할이 얼마나 중요한지 깨닫게 한다. 성령님께서는 은혜 안에서 우리의 선한 의지를 굳세게 하신다.

### ◆ 자기를 들여다보고 답하기

> 죄가 생각의 참여와 의지의 동의로 우리 안에 들어오듯, 은혜도 생각의 참여와 의지의 동의를 바탕으로 우리 안에 역사합니다.

## Question 69

## 죄라는 것을 알면서 버리지 못하는 즐거움이 있습니까?

"그리스도 예수의 사람들은 육체와 함께
그 정욕과 탐심을 십자가에 못 박았느니라"(갈 5:24)

나봇의 포도원을 갖고 싶어했던 아합 왕의 경우를 보라. 나봇의 포도원에 대한 아합 왕의 욕심은 처음에는 그저 '저 포도원이 내 것이었으면 좋겠다.' 정도의 생각일 뿐이었다. 그러나 아합 왕이 그 생각을 털어 버리지 않고 가슴에 품자, 근심하여 음식을 멀리할 정도로까지 그 포도원을 갖고 싶어하게 되었다. 그러자 그의 아내 이세벨은 나봇을 죽여서 포도원을 빼앗을 계획을 세운다. 결국 이세벨은 장로와 귀족들을 사주하여 나봇을 돌로 쳐 죽인다(왕상 21:13).

죄는 생각의 설복과 의지의 동의로 성장한다. 우리가 죄를 계속 머릿속으로 계획하고 그 죄를 통해 얻게 될 것들을 상상하며 즐거움에 빠질 때, 죄는 힘을 공급받고 성장한다. 때때로 신실하던 사람이 생각지도 못한 범죄를 저지르는 것을 보는데, 이것은 그 죄가 강력하게 그 사람을 끌어당겼기 때문이다. 그런데 그 죄로 하여금 그렇게 강력한 힘을 지니게 만든 것은 다른 누군가가 아니라 바로 그 자신이다. 처음에는 "어떻게 내가 그런 끔찍한 일을 저지르겠어."라고 하지만, 그 죄를 반복적으로 생각하며 상상으로 그 죄가 가져올 즐거움을 느끼는 동안 그 죄는 힘을 얻으며 성장해 간 것이다.

자꾸 생각나는 죄가 있는가? 상상으로 범하며 즐거워하는 죄가 있는가? 죄는 그런 방식으로 우리의 생각을 설복시키고 힘을 얻는다. 한 사람의 신령함의 깊이는 죄에 대한 인식의 깊이이다. 죄가 생각을 스쳐 가는 것은 피할 수 없으나, 마음에 뿌리를 내리게 하지는 말아야 한다.

### ◆ 자기를 들여다보고 답하기

> 죄는 정서의 간청과 의지의 동의로 산출되는데, 정서와 의지는 우리도 어쩔 수 없는 것이 아니라 우리가 통제할 수 있는 것입니다. 그러므로 "어쩔 수 없었다."라고 변명하지 말아야 합니다.

## Question 70

# 죄의 소원이 있을 때
# 그것을 막기 위해 어떻게 합니까?

"또 주의 종에게 고의로 죄를 짓지 말게 하사
그 죄가 나를 주장하지 못하게 하소서"(시 19:13 上)

　우리는 생각으로 죄를 지으면서도 즐거움을 느낀다. 그러나 그것은 그 죄를 직접 실행할 때 느끼는 희열과는 비할 것이 못 된다.

　생각을 통해 죄가 성장하면 마음이 그 죄에 대한 정욕으로 가득 차게 된다. 그러면 정서가 안달하며 죄의 산출을 간청한다. 물론 이때에도 의지가 죄의 산출을 거부하면 죄는 산출되지 않는다. 그러나 죄가 이렇게 성장할 지경까지 이르면 의지는 홍수로 불어난 물을 감당하지 못하는 둑과 같다. 특정한 죄에 대한 점증하는 욕망이 그 마음에 가득 차오르는 동안, 홍수 때 저수지 주변의 수풀이 물에 잠기는 것처럼 그 마음 안에 있던 은혜의 질서들은 죄의 물에 잠겨 간다.

　착상하여 성장한 죄는 산출될 수 있는 적당한 상황을 기다린다. 그리고 때가 되면 범죄를 산출한다. 범죄한 사람은 잠시 죄의 낙을 누리게 된다. 그러나 이내 그의 영혼은 곤고와 핍절을 겪는다. 그의 마음은 범죄로 인해 급격히 굳어진다. 예배, 성례, 기도, 교제 등 은혜를 전달하던 통로들이 막히기 시작하며 영혼의 고통은 가중된다.

우리 마음속에도 산출되고 싶어하는 죄가 있다. 그것을 막기 위해 무엇을 하고 있는가? 단지 고민하는 것만으로는 그것을 막을 수 없다. 열렬히 기도해야 한다. 죄를 미워하는 마음을 유지하고자 필사적으로 은혜를 구하여야 한다. 죄에 대한 사랑으로 선한 의지가 약해졌을지라도, 성령님의 도우심을 간절히 구하라. 자기 의지의 힘이 아니라 은혜의 힘을 믿으라.

### ◆ 자기를 들여다보고 답하기

우리의 생각과 의지를 하나님을 향하게 할 때, 죄를 물리치며 살 수 있습니다.

## Question 71

# 믿음이란 무엇이라고 생각합니까?

"내 영혼아 네가 어찌하여 낙심하며
어찌하여 내 속에서 불안해 하는가 너는 하나님께 소망을 두라
그가 나타나 도우심으로 말미암아 내가 여전히 찬송하리로다"(시 42:5)

내가 회심하던 해에 가장 많이 불렀던 찬송가가 있다. 그 후로도 여러 해 동안 나는 이 찬송을 사랑했다. 바로 찬송가 280장 '천부여 의지 없어서'이다. 이 찬송의 가사는 찰스 웨슬리의 '믿음을 위한 기도'라는 찬송시이다.

천부여 의지 없어서 손 들고 옵니다.
주 나를 외면하시면 나 어디 가리까.
내 죄를 씻기 위하여 피 흘려 주시니
곧 회개하는 맘으로 주 앞에 옵니다.

여기에는 나의 모든 방법을 포기하고 오직 하나님만을 의뢰하는 간절함이 담겨 있다. 그리고 하나님 말고는 나를 도우실 수 있는 분이 없다는 고백과 하나님께로 돌아가면 그분은 반드시

나를 받아 줄 것이라는 믿음이 담겨 있다.

지금까지 우리는 우리의 마땅한 의무가 무엇인지 올곧게 인식하고 그 의무에 순종해야 함을 살펴보았다. 그런데 그렇게 하고 싶지만 도저히 그렇게 되지 않는다면 어떻게 해야 할까? 그때 우리가 물어야 할 것은 이것이다. "나는 하나님의 도우심을 바라보고 있는가? 하나님께서 내게 힘 주실 것을 믿고 있는가?"

하나님께서는 종종 우리를 낙심하게 하심으로 우리 안에 참된 믿음이 있는지 드러나게 하신다. 그리스도인이 거룩함의 길에서 포기하고 주저앉는 것은 일차적으로 믿음의 부족 때문이다. 믿음은 하나님의 도우심에 대한 절대적인 바람이다.

◆ **자기를 들여다보고 답하기**

> 하나님께서 도우실 것이라는 전망이 믿음입니다.

**Question 72**

# 나의 인생에 주신 은혜 중 가장 큰 감사의 제목은 무엇입니까?

"보라 아버지께서 어떠한 사랑을 우리에게 베푸사
하나님의 자녀라 일컬음을 받게 하셨는가, 우리가 그러하도다
그러므로 세상이 우리를 알지 못함은 그를 알지 못함이라"(요일 3:1)


하나님의 도우심을 기대하는 것이 믿음이라면, 하나님의 도우심을 회고하는 것이 감사이다.

1979년, 흑인 찰리 스미스가 137세의 나이로 플로리다주 바토에서 세상을 떠났다. 그의 일생은 고통으로 점철된 나날이었다. 그는 노예로 태어나 학대 속에서 자랐다. 수도 없이 매를 맞았고, 모욕을 당했고, 배를 곯았다. 죽을 고비를 넘긴 것만도 스무 번이 넘었다. 그런데 그렇게 모진 삶을 살아온 스미스는 임종 전 목사 앞에서 이렇게 기도했다. "하나님, 저를 흑인으로 태어나게 하셨음을 감사드립니다. 고통스러운 노동도 감사합니다. 당신은 언제나 제 곁에 계셔 주셨습니다. 감사합니다."

감사는 죄의 유혹을 이기게 한다. 왜냐하면 감사하는 마음은 하나님께 대한 헌신의 감정을 포함하기 때문이다.

우리의 지나온 세월을 돌아보자. 감사해야 할 수많은 조건들을 발견하게 될 것이다. 하나님께서는 우리를 구원하셨고, 사랑하셨고, 인생의 고비마다 도우셨다. 우리가 기대한 것 이상의 결과를 베푸셨고, 우리에게 일어난 나쁜 일들을 결국 선으로 바꾸어 주셨다(창 50:20).

은혜에서 미끄러졌을지라도 이미 받은 하나님의 도우심을 헤아려 보라. 감사의 고백을 드려 보라. 다시금 살아갈 새 힘을 얻게 될 것이다.

### ◆ 자기를 들여다보고 답하기

하나님의 도우심을 회고하는 것이 감사입니다.

Falling Away
from
Grace

**은혜에서 미끄러질 때 6**

기도가 태만해질 때

## Question 73

# 매일 신앙을 점검하기 위해
# 자신에게 던지고 있는 질문은 무엇입니까?

"너희는 믿음 안에 있는가 너희 자신을 시험하고
너희 자신을 확증하라……"(고후 13:5)

처음 회심의 은혜를 경험할 때에는 특별히 애를 쓸 필요가 없을 정도로 기도가 잘 된다. 그러나 시간이 지나면, 기도에 대한 열의가 식는다. 그런데 이때야말로 더욱 기도에 힘써야 할 때이다. 기도의 열의가 식어 가는 것을 계속 방치하면, 나중에는 더 기도할 수 없게 되기 때문이다.

기도 생활이 태만해지면, 신자의 영혼은 어두워지고 마음은 부패하게 된다. 기도는 예배와 함께 은혜가 공급되는 중요한 방편이다. 기도가 힘을 잃으면 신자의 내면에 은혜가 충분히 공급되지 않고, 이렇게 은혜가 사라진 자리에는 반드시 부패가 발생한다. 그러므로 우리는 기도 생활이 태만해지지 않도록 해야 한다. 죄를 이길 힘은 간절한 기도에서 나온다.

스스로를 경계할 질문들을 만들어 매일 자신에게 물으며 점검하는 것도 태만함에 대항하는 좋은 방법이다. 조지 휘트필드는 매일 밤 15가지의 질문을 자신에게 던지며 스스로를 점검했다. 그 질문들 중 몇 가지만 살펴보자면 다음과 같다.

개인 기도 시간에 뜨겁게 기도했는가?
대화나 행동을 하기 전에 하나님의 영광을 추구했는가?
온화하고 상냥하며 친절했는가?
먹고 마시는 데 점잖았는가? 잠자는 일에 절제했는가?
모든 죄들을 고백했는가?

열렬한 기도로부터 물러나지 않기 위해 우리 자신에게 물을 질문들은 무엇인지 생각해 보자.

### ◆ 자기를 들여다보고 답하기

기도 생활이 태만해질 때, 우리의 마음은 은혜의 상태에서 멀어져 부패로 나아갑니다.

## Question 74

# 짧은 기도 생활로 만족하고 있습니까?

"이때에 예수께서 기도하시러 산으로 가사
밤이 새도록 하나님께 기도하시고"(눅 6:12)

 기도 생활이 태만해지면, 기도 시간이 짧아지기 시작한다. 이것은 대개 '짧은 기도로도 충분하다.'라는 자만심으로부터 온다. 이런 자만심을 가진 사람들은 자신의 그러한 태도의 근거로 성경을 든다.

 실제로 예수님께서는 짧은 기도로 상황을 확 바꾸어 놓으셨다. 죽은 나사로를 살리신 것도(요 11:43), 파도를 꾸짖어 잔잔하게 하신 것도(마 8:26) 모두 짧은 기도로 이루셨다. 뿐만 아니라 바울이나 베드로 역시 짧은 기도로 일어나는 이적을 보여주었다. 이미 구약에서도 모세나 여호수아가 짧은 기도로 하나님의 능력을 불러오는 것을 우리는 보았다.

 그러나 이것은 사건의 단면만 보았을 뿐 본질은 파악하지 못한 견해이다. 짧은 기도가 큰 능력을 불러일으킬 수 있게 된 것은, 그동안 길고 깊이 있는 기도가 지속적으로 있어 왔기 때문이다. 모세, 여호수아, 바울 중에서 평소 깊은 기도 속에서 살지 않았던 이가 누가 있는가? 심지어 예수님께서도 깊은 기도 속에 사시며 능력을 유지하셨다(막 9:29).

짧게 기도하려는 유혹을 받는 것은 마음속에서 하나님과의 신령한 친교가 약화된 것을 보여준다. 기도를 얼마나 오래 하느냐가 기도의 깊이를 결정하는 것은 아니지만, 깊은 기도는 거의 대부분 긴 시간을 요구한다.

기도 생활의 태만에서 벗어나려면 짧게 기도하려는 유혹을 떨쳐 버려야 합니다.

## Question 75

# 열심히 기도하지 않으면서
# 달콤한 은혜만 원하고 있습니까?

"기도를 계속하고 기도에 감사함으로 깨어 있으라"(골 4:2)

기도는 희생을 요한다. 우리는 이 평범한 진리를 자주 잊는다. 물론 그리스도인에게는 기도가 희생이 아니라 은혜 가운데 있는 특권이다. 실제로 많은 신앙적 인물들이 기도에서 맛보는 달콤함의 경험을 기록하고 있다. 그러나 대부분의 그리스도인에게 기도는 달콤한 권리이기보다는 무거운 의무일 때가 많다.

모든 그리스도인에게 기도를 향한 열정과 기도에 대한 싫증은 공존한다. 그러므로 기도하기 위해서는 하기 싫어도 하는 희생이 필요하다. '기도가 달콤해지는 상태에 도달하면 그때 기도하겠다. 지금은 기도하기 너무 힘드니 하지 않겠다.' 하는 생각은 옳지 않다. 그런 신앙의 태도로는 아름다운 기도의 세계 속으로 들어갈 수 없다.

해야 할 일을 할 때, 후에 그 일이 하고 싶은 일이 될 수 있다. 기도를 위한 쓰디쓴 헌신은 기도의 달콤한 은혜로 들어가는 문이다. 그 문을 통과하지 않고는 누구도 기도 생활의 기쁨을 회복할 수 없다.

지금 현재적으로 기도가 되든지 그렇지 않든지는 그리 중요한 문제가 아니다. 중요한 것은 모든 그리스도인은 반드시 기도해야만 그리스도인답게 살 수 있다는 사실이다.

그래서 찰스 스펄전은 그의 설교 속에서 이렇게 충고한다. "기도가 잘 되십니까? 열심히 기도하셔야 합니다. 왜냐하면 기도할 수가 있기 때문입니다. 기도가 안 되십니까? 그러면 더 많이 기도하십시오. 왜냐하면 기도가 안 되기 때문입니다."

### ◆ 자기를 들여다보고 답하기

힘들어도 기도해야 기도가 무엇인지, 왜 기도하며 살게 하셨는지 알 수 있습니다.

## Question 76

# 기도로 우리 안의 죄와 싸우고 있습니까?

"그러므로 땅에 있는 지체를 죽이라
곧 음란과 부정과 사욕과 악한 정욕과 탐심이니
탐심은 우상 숭배니라"(골 3:5)

감기 바이러스가 몸속에 침투하면, 온몸의 항체가 바이러스에 대항한다. 코로 바이러스가 들어왔다고 코만 소독하거나, 감기 증상이 주로 기침으로 표출된다고 기침을 고치는 데에만 집중하면 감기가 나을 수 없다. 온몸의 면역력이 전방위적으로 감기 바이러스와 싸워야 그것을 이길 수 있다.

죄도 그러하다. 일단 마음 안에 들어오면 우리의 마음과 생각, 육체에 이르기까지 전방위적으로 영향을 미친다. 그래서 우리는 전방위적으로 죄와 싸워 이겨야 한다.

여기서 전방위적으로 죄와 싸운다는 것은 온 마음을 다해 기도한다는 것을 의미한다. 기도와 죄는 공존할 수 없다. 어떤 지식을 이해하는 일은 영혼이 죄 가운데 있어도 가능하다. 그러나 기도는 온 마음을 바치지 않고는 열렬할 수 없다. 그래서 기도는 전투이고, 씨름이다. 죄에 대항하는 결정적 방법이다. 그러므로 기도하기를 포기하는 것은 곧 죄와의 싸움을 포기하는 것이다.

죄는 기도가 자신을 죽일 것을 안다. 그래서 우리 영혼에 자리를 잡으면, 가장 먼저 기도 생활을 공격한다. 우리가 기도로 죄를 위협할 수 없게 되기를 바라는 것이다. 그러므로 기도할지라도 열렬하게 할 수 없게 하고, 간혹 열렬해질지라도 지속적으로 실천되지 못하게 한다.

기도로 죄를 죽이고 있는가? 열렬한 기도는 죄와 맞붙어 싸우는 것이다. 하나님께서 주신 은혜의 무기들을 버리고 죄에게 투항하지 말라. 그것은 사탄의 역사에 부역하는 것이다.

◆ **자기를 들여다보고 답하기**

기도가 죄를 죽이는 실천적인 방편입니다.

## Question 77

# 기도하지 않으면 갈급합니까?

"하나님이여 사슴이 시냇물을 찾기에 갈급함같이
내 영혼이 주를 찾기에 갈급하니이다"(시 42:1)

　기도하지 않는 것은 연약함이 아니라 악이다. 사무엘 선지자는 말했다. "나는 너희를 위하여 기도하기를 쉬는 죄를 여호와 앞에 결단코 범하지 아니하고……"(삼상 12:23).

　그리스도인이 느끼는 기도에 대한 욕구는 그에게 남은 은혜의 크기에 비례한다. 그러므로 우리는 기도의 욕구를 어느 정도 느끼냐를 통해 자신의 영적 상태를 진단할 수 있다. 즉 기도의 욕구는 영혼의 자기 공명 영상 장치(MRI)이다. 기도의 욕구가 살아 있는 사람은 하루 이틀만 하나님 앞에 간절히 마음을 쏟아 놓지 못해도 마음이 갈급해서 견딜 수 없다. 그리고 이것은 그가 은혜 안에서 살아가고 있음을 보여준다.

　자신의 영혼의 상태에 대해 진실하고 정직한 평가를 내리는 일은 매우 중요하다. 그래야 자신에게 무엇이 문제인지 알 수 있고, 자신을 다시 일으켜 세울 수 있다. 많은 그리스도인이 자신의 상태에 대한 정확한 진단이 없어서 망한다. 자신에 대해 과신하거나 무관심한 것, 이것이 영적인 패망의 지름길이다.

그러므로 우리는 기도에 대한 자신의 욕구를 면밀히 살핌으로써 자신의 영적 상태를 진단해야 한다. 여러 날 기도하지 않았는데도 기도해야 할 욕구를 느끼지 못한다면, 영혼이 병들어 있는 것이다.

자신이 있는 삶의 자리에서 시시때때로 무릎을 꿇자. 수시로 좋으신 주님을 대면하자. 기도는 우리를 은혜의 보좌 앞으로 나아가게 해 준다.

### ◆ 자기를 들여다보고 답하기

우리는 은혜의 크기만큼 기도의 의욕을 느낍니다.

## Question 78

# 은혜의 불씨를 살리고자
# 기도에 매달리고 있습니까?

"너는 일깨어 그 남은 바 죽게 된 것을 굳건하게 하라"(계 3:2上)

습관적으로 행해지는 짧은 기도는 다음 세 단계를 거쳐 그리스도인을 영적인 가사(假死) 상태로 몰고 간다. 첫 번째 단계는 짧게 기도하지 않을 수 없는 상황에 봉착하는 것이다. 몸이 너무 아프다거나, 직장 일이 너무 바쁘다거나 등의 이유로 기도할 수 있는 시간이 현저히 줄어들 수밖에 없는 때가 있다. 이때 상황에 굴복하여 기도 시간을 줄이면, 두 번째 단계인 기도의 순발력을 잃는 상태에 접어들게 된다. 기도가 필요한 상황이 닥쳐와도, 즉각적으로 그 필요에 부응하여 기도하지 못하게 되는 것이다. 이런 상태로 시간이 흐르면 마지막 세 번째 단계, 기도하고 싶어도 기도할 수 없는 상태가 된다. 이것은 이미 마음이 열렬한 기도의 은혜를 상실했기 때문이다.

여기서 우리가 깨닫게 되는 사실이 있다. 우리가 환경과 상황을 핑계로 기도를 소홀히 하면 환경과 상황이 나아지면 다시 기도할 수 있게 되는 것이 아니라 환경과 상황에 상관없이 기도할 수 없게 되고 만다는 것이다.

그러면 짧은 기도밖에 할 수 없는 상태의 그리스도인은 어떻게 해야 할까? 기도의 불을 다시 지펴야 한다. 우리가 많은 시간을 기도할 수 있는지 없는지는 주님께서 아신다. 문제는 간절함이다. 깊은 기도의 세계로 들어가려면 간절함이 있어야 한다. 은혜에서 미끄러졌다 할지라도 하나님의 자녀에게는 남은 바 은혜가 있다. 그래서 "살았다 하는 이름은 가졌으나 죽은 자"라고 질책받던 사데 교회를 향해 예수님께서는 "남은 바 죽게 된 것을 굳건하게 하라"라고 명령하셨다(계 3:1-2). 죽은 것과 방불한 삶을 살고 있어도 그리스도인은 기도하려고 하면 기도할 수 있다. 성령님께서 도우시기 때문이다.

 **자기를 들여다보고 답하기**

상습적인 짧은 기도는 우리를 영적인 가사 상태에 빠지게 합니다.

## Question 79

# 마음의 깨어짐이 있는 기도를 드리고 있습니까?

"하나님께서 구하시는 제사는 상한 심령이라
하나님이여 상하고 통회하는 마음을
주께서 멸시하지 아니하시리이다"(시 51:17)

엄마들은 아이의 울음소리만 듣고도 아픈지, 배고픈지, 놀랐는지 알 수 있다. 그런데 재미있는 것은 아이가 운다고 무조건 달려갈 필요는 없다는 사실이다. 아이의 울음에는 잠자다가 뒤척이며 칭얼거리는 '가짜 울음'이 있는가 하면, 정말 절박해서 터져 나오는 '진짜 울음'이 있기 때문이다.

사람도 이렇게 자기 아이의 진짜 울음과 가짜 울음을 식별하는데, 하나님께서 어찌 우리의 기도를 구별하지 못하시겠는가? 하나님께서는 우리의 '진짜 기도'와 '가짜 기도'를 분별하신다. 그리고 우리가 마음을 깨트려 드리는 진짜 기도에 응답하신다(시 51:17).

기도의 가치는 기도자의 마음이 얼마나 실려 있느냐에 달려 있다. 건성으로 드리는 기도로는 하나님을 만날 수 없다. 그리고 하나님을 경험할 수 없는 기도는 형식일 뿐이다. 단지 형식일 뿐인 기도로는 아무것도 변화시킬 수 없다. 그러므로 우리는 마음을 드려 기도해야 한다. 영혼의 시선을 하나님 한 분께 모으고, 간절히 바라다 못해 온 마음이 깨트려지고 자기 자신까지도 깨트려지는 것 같은 기도로 하나님을 찾아야 한다. 하나님께서는 이렇게 당신을 찾는 사람을 결코 외면하지 않으신다. "여호와는 마음이 상한 자를 가까이하시고 충심으로 통회하는 자를 구원하시는도다"(시 34:18).

건성으로 기도하는 사람은 결코 깊은 기도의 정수를 경험할 수 없다.

### ◆ 자기를 들여다보고 답하기

기도 생활의 태만에서 벗어나려면 마음의 깨어짐이 있는 기도를 드려야 합니다.

## Question 80

# 기도로 새롭게 되고 있습니까?

"하나님이여 내 속에 정한 마음을 창조하시고
내 안에 정직한 영을 새롭게 하소서"(시 51:10)

마음의 깨어짐이 있는 기도는 영혼을 쇄신시킨다. 쉽게 말해, 우리를 새롭게 하고 선한 감화와 새로운 의지를 준다.

마음의 깨어짐이 있는 기도에 쇄신의 능력이 있는 것은 이런 기도에 하나님께서 은혜를 주시기 때문이다. 하늘의 풍부한 자원들은 그리스도 안에 있다. 그리고 하나님께서는 당신의 자녀들이 그 하늘 자원을 충만하게 누리며 살기를 원하신다(엡 1:3).

우리가 그 하늘의 복들을 누리지 못하고 사는 것은 전심으로 그것을 열망하고 있지 않기 때문이다. 하나님께서는 우리에게 은혜를 베풀기 원하시지만, 언제나 은혜받을 만한 자에게 은혜를 베푸신다.

은혜를 열망하며, 상하고 깨어진 마음으로 하나님 앞으로 나아가고 있는가? 도저히 하나님을 기쁘시게 할 만한 거룩한 삶을 살아 낼 수 없는 자신의 한계를 깊이 자각하는가? 하나님의 뜻대로 살지 못하는 자신의 연약함으로 인해 진심으로 애통해 하는가? 하나님의 사랑에 합당하게 살기를 간절히 원하는가? 자신의 죄와 강퍅함을 고백하는 자는 마음을 하나님께로 모은다. 그리고 간절히 기도한다. 하나님께서는 이런 사람들에게 아낌없이 하늘 자원을 쏟아부으신다.

마음의 깨어짐 없이 냉랭하게 기도하던 지난날을 회개하자. 심령의 가난함 대신 부요함으로 하나님보다 자기를 더 신뢰했던 잘못을 고백하자. 그러한 지난날이 우리에게 남긴 것은 나태하고 무기력한 삶뿐이었다. 거룩함의 소명을 따라 사는 성실한 삶, 그러한 삶 속에서 누리는 하나님과의 친밀한 교제, 기도를 통해 맛보는 새롭게 하시는 능력을 소망하자. 하나님께서는 우리가 마음을 깨트리는 기도로 당신 앞에 나아오기를 기다리신다.

### ◆ 자기를 들여다보고 답하기

마음의 깨어짐이 있는 기도는 우리의 영혼을 쇄신시킵니다.

**Question 81**

# 누구에게나 자기 사랑은 있으나 모두가 그 사랑에 휘둘리며 살지는 않습니다. 여러분은 어떤 사랑으로 삽니까?

"자기 생명을 사랑하는 자는 잃어버릴 것이요
이 세상에서 자기의 생명을 미워하는 자는 영생하도록 보전하리라"(요 12:25)

병 속의 공기를 빼는 방법은 그것을 물로 가득 채우는 것이다. 신자의 헛된 자기 사랑은 마음을 하나님을 향한 사랑으로 가득 채움으로써만 제거할 수 있다.

신자의 거룩한 삶을 방해하는 근본적인 원인은 자기 사랑이다. 자기 사랑은 자신을 하나님보다 더 높은 자리에 두려고 하는 교만에서 비롯된다. 하나님의 영광을 위해 살고 싶다면 자기 사랑을 버려야 한다. 그러면 어떻게 해야 자기 사랑을 버릴 수 있을까?

첫째로, 교만을 버려야 한다. 하나님의 무한하심과 자신의 미천함을 대조하고, 완전한 하나님의 성품과 불완전한 자신의 비천함을 생각해야 한다. 둘째로, 하나님의 아름다우심을 묵상해야 한다. 자신의 추루함을 하나님의 탁월한 아름다우심의 빛 아래서 인식할 때 우리는 자기 사랑을 버릴 수 있다. 인간은 자신의 마음을 채우는 아름다움에 대한 인상 때문에 사랑하게 된다.

하나님을 향한 사랑을 마음에 가득 채워 자기 사랑이 깃들 자리가 없게 하자. 하나님의 아름다우심, 그리스도의 영광의 탁월함보다 세상에 있는 것들을 더 많이 생각하는 것은 그것들을 하나님보다 더 사랑하는 것이다. 마음의 눈을 들어 위의 것을 바라자(골 3:1). 그리고 온 땅과 하늘 위에 높으신 하나님의 영광을 묵상하자.

◆ **자기를 들여다보고 답하기**

자기를 사랑하는 사람은 하나님을 온전히 사랑할 수 없습니다.

## Question 82

# 성령님 안에서 살아가는 삶입니까?

"……너희는 성령을 따라 행하라
그리하면 육체의 욕심을 이루지 아니하리라"(갈 5:16)

    기도의 능력은 기도하는 자의 능력이 아니라 그 기도를 들으시는 하나님의 능력이다. 다시 말해 기도라는 행위 자체가 힘이 있는 것이 아니라, 그 은혜의 수단에 참여하는 신자의 영혼에 역사하시는 성령님의 능력에 힘이 있다. 그 능력이 기도에 역사하여 은혜에서 미끄러진 신자를 보호하고 새롭게 하는 것이다.

    마음이 부패해지지 않으려면 기도해야 한다. 마음은 간절한 기도를 통해 성령님과 동행하기 때문이다. 죄인의 본성은 부패의 성향을 갖고 있다. 음식물을 방치해 두면 저절로 부패하듯이, 우리의 본성도 은혜의 영향에서 벗어나면 부패하고 만다.

    기도는 우리의 마음을 새롭게 하시는 성령님의 역사를 경험하게 한다. 간구하는 영혼과 함께하시는 성령님의 신령한 영향력 때문이다. "너희는 이 세대를 본받지 말고 오직 마음을 새롭게 함으로 변화를 받아 하나님의 선하시고 기뻐하시고 온전하신 뜻이 무엇인지 분별하도록 하라"(롬 12:2).

부패한 음식은 원래대로 돌릴 수 없지만 부패한 마음은 더 좋게 고칠 수 있으니, 이는 하나님께서 생명의 주관자이시기 때문이다. "보좌에 앉으신 이가 이르시되 보라 내가 만물을 새롭게 하노라 하시고……"(계 21:5).

삶의 고비마다 간절한 기도로써 성령님의 도우심을 의뢰하는가? 성령님과 동행하는 삶을 살고 있는가? 성령님께서는 자신을 간절히 의지하는 자를 도우신다.

◆ **자기를 들여다보고 답하기**

> 기도의 능력은 우리의 기도 자체에 신령한 힘이 있어서가 아니라 기도할 때 임하시는 성령님 때문입니다.

## Question 83

# 오늘도 열렬하게 기도하였습니까?

"예수께서 힘쓰고 애써 더욱 간절히 기도하시니
땀이 땅에 떨어지는 핏방울같이 되더라"(눅 22:44)

    무엇인가를 소독할 때 가장 흔히 쓰는 방법은 삶는 것이다. 섭씨 100도의 물에 5분을 삶아야지만 죽는 균은 50도쯤 되는 미지근한 물에는 5시간 넘게 두어도 죽지 않는다. 마찬가지로 우리의 죄들은 그 죄들을 죽이기에 충분한 열렬한 기도가 있을 때 죽지, 적당히 열심 낸 기도로는 죽지 않는다.

    열렬하다는 것은 영혼이 활발하게 움직인다는 뜻이다. 이때 마음은 하나님을 향해서 뜨겁고 간절하게 고양된다. 열렬함은 마음의 초점과 관련이 있다. 햇볕 아래서 볼록 렌즈의 초점을 어떤 사물에 정확히 맞출 때 불이 붙는 것처럼, 영혼의 시선이 하나님께 고정될 때 마음은 열렬해진다. 기도가 이렇게 열렬해질 때 우리 안에 있는 죄가 죽는다.

    그런데 기도에 있어서 외면적인 열렬함과 내면적인 열렬함은 일치할 때도 있지만, 일치하지 않는 경우가 더 많다. 방방 뛰며

큰소리로 기도하는 사람보다 구석에서 조용히 눈물만 흘리고 있는 사람이 더 열렬한 기도를 드리는 중일 수도 있는 것이다.

하나님께서 보시는 것은 내면적인 열렬함이다. 울거나 소리를 지르는 외적인 행위에 치중하지 말고 고요히 정직한 마음으로 하나님을 간절히 찾도록 자신을 훈련해야 한다.

기도할 때, 성경과 자신의 삶 속에서 하나님께서 어떻게 역사하셨는지 회상하며 하나님과의 달콤한 교제를 그리워하라. 그 누구의 시선도 의식하지 말고, 오직 하나님 한 분만 바라보며 기도하라. 하나님의 은혜 외에는 아무 소망이 없음을 기억하며……

### ◆ 자기를 들여다보고 답하기

열렬하게 사는 사람이 열렬하게 기도할 수 있습니다.

## Question 84

# 일정한 시간을 기도에 바칩니까?

"다니엘이 이 조서에 왕의 도장이 찍힌 것을 알고도
자기 집에 돌아가서는 윗방에 올라가 예루살렘으로 향한 창문을 열고
전에 하던 대로 하루 세 번씩 무릎을 꿇고 기도하며
그의 하나님께 감사하였더라"(단 6:10)

그리스도인이 열렬한 기도를 잃어버리게 되는 첫 번째 이유는 영혼의 싫증 때문이다. 영혼의 싫증이란 하나님을 사랑하던 마음이 식어서 부적절한 마음으로 이행하는 상태에서 나타나는 영적 권태감이다. 이것을 방치하면 하나님을 떠나 방황하고 반항하는 데까지 나아간다.

그러므로 그리스도인은 영혼의 싫증을 경계해야 한다. 이러한 싫증의 상태에서는 하나님을 향해 마음을 싣는 모든 일들이 불가능해진다. 기도는 마음을 싣지 않고는 할 수 없는 일이다. 그래서 영혼의 싫증이 시작되면, 기도의 실천은 급속도로 약해지거나 형식만 남게 된다.

오늘날 대다수의 그리스도인들이 영혼의 싫증 속에서 거의 기도하지 않고 살아간다. 정해진 기도 시간도 없이, 정해진 기도

처소도 없이, 기도의 의무를 총체적으로 무시하며 살아간다. 기도 없이 사는 그리스도인은 그가 외면적으로 어떤 삶을 보여주든지 간에 하나님의 생명으로부터 멀어져 있는 사람이다.

가슴에 손을 얹어 보자. 하루에 기도하는 시간이 얼마나 되는가? 교회에서 어떤 직분을 맡고 있다는 사실은 열렬한 기도의 필요성을 더해 주는 것이지 덜어 주는 것이 아니다.

죄 죽임이 있는 영적 삶을 살아가고 있는가? 지금 기도 생활의 즐거움을 맛보고 있는가? 살아 있는 그리스도인의 특징은 살아 있는 하나님과의 교제이다. 열렬한 기도 생활이 없다는 것은 하나님과의 교제의 결핍 속에서 산다는 것이다.

### ◆ 자기를 들여다보고 답하기

영혼의 싫증이 기도의 열렬함을 잃어버리게 합니다.

## Question 85

# 마음 깊은 곳으로부터 우러나오는 사연으로 기도를 채우고 있습니까?

"또 기도할 때에 이방인과 같이 중언부언하지 말라"(마 6:7上)

 그리스도인이 열렬한 기도를 잃어버리는 두 번째 이유는 마음을 쏟지 않는 형식적인 기도 생활 때문이다. 아무리 오랜 시간을 엎드려 있어도 마음을 쏟고 있지 않다면, 그것은 살아 있는 기도가 될 수 없다. 그런 기도 속에서는 생명의 능력들이 흘러나오지 않는다.

 남들은 기도하는 모습만 볼 뿐 마음을 보지 못하기에 그런 기도를 하는 사람을 기도 많이 하는 신실한 그리스도인으로 평가할지 모른다. 그러나 하나님께서는 중심을 보신다(삼상 16:7). 그래서 그런 기도는 하나님께 올라간 적이 없다.

 마음은 드리지 않은 채 기도 생활의 형식만을 지키고 있지는 않는가? 기도는 꿇은 무릎이나 입술이 하는 것이 아니다. 마음이 하는 것이다. 그래서 마음 없는 말보다는 말없는 마음으로 기도하는 것이 더 효과적이다. 다시 말해서, 기도는 언어의 활동이어야 하지만, 소리로 나오는 말은 있으나 마음이 없는 기도보다는 발화(發話)되지 않은 언어일지라도 마음이 실린 기도가 더욱 뛰어나다는 의미이다.

마음을 쏟아 기도하자. 마음을 쏟는 기도 없이는 무너진 은혜의 세계를 다시 세울 수 없다. 마음으로부터 우러나오는 기도가 아니면 부패한 마음을 고침받을 수 없다. 하나님을 섬김에 있어서 마음을 드리지 않고도 할 수 있는 일은 아무것도 없다. 신령한 의무일수록 마음을 바치는 심령의 헌신을 요구한다.

마음을 쏟지 않는 기도 생활이 습관화되게 하지 말라. 형식적인 기도 생활이 습관화되면, 죄가 쉽게 깃들고 기도의 열렬함은 속히 사라진다. 항상 마음을 쏟아 기도하라.

### ◆ 자기를 들여다보고 답하기

> 마음이 담기지 않은 형식적인 기도가 기도의 열렬함을 잃어버리게 합니다.

## Question 86

# 충분한 시간을 기도에 바칩니까?

"……모세는 진으로 돌아오나
눈의 아들 젊은 수종자 여호수아는 회막을 떠나지 아니하니라"(출 33:11)

그리스도인이 열렬한 기도를 잃어버리는 세 번째 이유는 짧게 기도하기 때문이다. 마음을 실은 기도라 할지라도, 아주 잠시 그렇게 기도할 뿐이라면 기도의 능력이 유지되기 어렵다.

뜨겁게 기도하는데도 성화에 진전이 없는 것은 기도가 짧기 때문이다. 열렬히 기도해도 오래 지속하는 기도가 아니면 영적인 능력이 깃들기 어렵다. 우리는 기도를 통해서 하나님을 바꾸고 싶어하지만, 하나님께서는 기도를 통해 우리를 바꾸려 하신다.

아주 짧은 시간밖에 기도하지 못하는가? 오랜 시간 기도하는 일이 힘에 부치는가? 하나님을 적게 사랑하는 자는 적게 기도하고, 많이 사랑하는 자는 많이 기도한다. 많이 사랑하는 사람과는 자주 만나도 할 말이 많고, 적게 사랑하는 사람과는 가끔 만나도 할 말이 없는 것과 같다.

억지로 오래 기도하는 것이 능사는 아니다. 그러나 오래 기도하지 못하는 것은 사랑이 부족하기 때문이다. 조금만 기도가 힘들어도 자리를 털고 일어나는 것은 피상적인 신앙생활로 나아가는 지름길이다.

기도는 하나님과의 대면이다. 사랑하는 사람과의 만남은 언제나 짧다. 오랜 시간을 기도에 바친 사람들에게는 남이 모르는 기도의 비밀이 있다. 좀 더 오래 하나님께 기도하자. 더 깊은 사랑의 교제 속으로 들어가자.

◆ **자기를 들여다보고 답하기**

짧은 기도는 기도의 열렬함을 잃어버리게 합니다.

## Question 87

# 정해진 기도의 시간과 장소가 있습니까?

"제 구 시 기도 시간에
베드로와 요한이 성전에 올라갈새"(행 3:1)

    그리스도인이 열렬한 기도를 잃어버리는 네 번째 이유는 정한 규칙이 없는 기도 생활 때문이다.
    기도 생활에 있어서 정해 놓은 규칙이 없다는 것은 기도가 되면 하고 안 되면 안 하겠다는 것이다. 이런 태도로 기도하면, 환경의 작은 변화에도 기도 생활이 방해를 받는다. 하나님을 향한 열렬함의 축복은 의무라는 화로에 담길 때 지속성을 갖는다. 예수님께서도 습관을 쫓아 기도하셨다(눅 22:39).
    그런데 안타깝게도 너무나 많은 그리스도인들이 기도의 실천을 위한 자기 규범을 갖고 있지 않다. 그래서 잠시 은혜를 누리고 무너진 기도의 세계가 다시 회복되어도, 그 은혜의 불씨를 지속적으로 간직하지 못한다. 다시 싸늘하게 식은 화로와 같은 마음을 가지고 기도 없이 살아가는 삶은 얼마나 힘겨운가!
    어떤 기도 생활을 원하는가? 정해진 기도를 실천하여 늘 은혜의 불씨를 보존하며, 언제든지 필요한 때에 기도할 수 있는 삶을 살자. 규칙적인 기도의 습관을 가진 그리스도인은 그 마음이 늘 은혜의 온기로 따뜻하다. 그러나 급한 필요가 생겨야만 기도하려는 그리스도인의 마음은 빛을 잃고 부패해지기 쉽다.

기도의 시간과 장소를 정하라. 그것을 실천하라. 자신과 약속하고, 하나님 앞에서 그 약속을 지키라. 그리할 때, 견고한 영적 생활을 이어 갈 수 있다.

### ◆ 자기를 들여다보고 답하기

실천의 규칙이 없는 기도 생활이 기도의 열렬함을 잃어버리게 합니다.

## Question 88

# 정직하고 진실한 삶을 살고 있습니까?

"악인의 제사는 여호와께서 미워하셔도
정직한 자의 기도는 그가 기뻐하시느니라"(잠 15:8)

열렬한 기도의 첫 번째 비결은 말씀의 빛 앞에서 자신을 성찰하는 것이다. 하나님의 말씀이 잘못을 지적할 때 진실한 반응을 보이는 사람들은 대부분 온전한 삶을 살고 있다. 왜냐하면 그가 지금 정직하게 반응할 수 있는 것은 오늘 갑자기 진실해졌기 때문이 아니라 그동안 진실하게 살려고 꾸준히 노력해 왔기 때문이며, 그 과정들이 그를 진실한 사람으로 만들어 갔을 것이기 때문이다.

하나님께서는 그리스도인의 영혼에 적신호가 울릴 때 방관하지 않으신다. 성경 말씀과 삶의 상황들을 통해 그의 태만함이 몰고 올 위기에 대해 깨닫게 하신다.

그런데 기도하지 않는 그리스도인은 하나님의 말씀이 주어져도 듣지 않는다. 또한 들려도 그것을 하나님의 말씀으로 인정하지 않는다. 오히려 자기 유리한 대로 해석하며 하나님의 경고를 외면한다. 부정직하고 기회주의적인 신앙생활은 그를 새롭게 하려 하는 하나님의 인도를 받아들이지 않는다.

이때 필요한 것은 하나님의 말씀을 통해 영혼의 어두움을 물리치는 것이다. 이 일은 성령님께서 말씀을 통하여 하신다. 말씀의 조명을 받을 때, 반드시 필요한 것이 정직함과 진실함이다. 하나님께서는 정직한 자와 교통하신다(잠 3:32). 기도에 자신을 바친 사람은 정직해지고 진실해지는 것이 자연스럽다. 수많은 기도의 실천 속에서 늘 하던 것이기 때문이다. 하나님 앞에 정직하게 서는 일은 쓰리고 아프지만, 부패를 고치는 가장 빠른 길이다.

하나님의 말씀 앞에 정직하게 반응하고 있는가? 삶의 모든 방면에서 정직하고 진실해지고자 애쓰고 있는가?

### ◆ 자기를 들여다보고 답하기

하나님의 말씀 앞에 정직해지는 것이 열렬한 기도의 첫 번째 비결입니다.

## Question 89

# 마음에 깊이 잠겨
# 은혜에 적셔진 기도의 제목이 있습니까?

"너희가 온 마음으로 나를 구하면
나를 찾을 것이요 나를 만나리라"(렘 29:13)

　열렬한 기도의 두 번째 비결은 마음 깊은 곳으로부터 우러나는 언어로써 기도하는 것이다. 언어가 없는 기도는 진정한 기도가 아니다. 기도는 기도하는 자의 지성 안에서 그 내용이 이해되어야 한다. 그렇지 않으면 마음에 열매를 맺지 못한다(고전 14:14).

　기도의 언어를 마음 깊은 곳에서부터 끌어올리기 위해서는 기도의 내용이 마음에 깊이 잠겨야 한다. 마음에 충분히 적셔질 때 기도의 내용은 구구절절 피가 밴 살처럼 마음과 일체를 이룬다.

　마음은 전혀 실리지 않은 가운데 머릿속에서 돌다가 입으로 나오는 기도는 마음을 움직이지 못한다. 자기에게 필요한 기도 제목들을 입술로 나열하는 데만 급급한가? 무슨 뜻인지도 모르는 마음에 없는 말들을 허공에 날리듯이 기도하는가? 아예 죽은

듯 엎드려 시간만 채우고 있지는 않는가? 반쯤은 생각하고 반쯤은 졸면서 기도의 형식만 유지하고 있지는 않는가?

입술로만 기도하는 일에 익숙해진 사람들은 깊은 영적 교제 속으로 들어갈 수 없다. 기도를 해도 하나님으로부터의 차가운 거절감과 거리감만을 느낄 뿐이다. 이러한 기도 생활은 우리의 영혼을 살리기에 충분하지 않다.

마음을 다 드리는 열렬하고 지속적인 기도를 통해서 우리는 거룩해져 간다. 은혜에서 미끄러진 상태에서 마음이 메마른 채로 기도하는 것은 몹시 힘든 일이다. 그러나 기도의 열렬함에 불을 붙이시는 분이 성령님이시라는 사실을 믿음으로 붙들고 하나님을 만나기를 갈망하자. 반드시 깊은 기도의 세계 속으로 들어갈 것이다.

◆ **자기를 들여다보고 답하기**

마음 깊은 곳에서 길어 올린 말로 기도하는 것이 열렬한 기도의 두 번째 비결입니다.

## Question 90

# 마지막으로 간절하게
# 기도한 때가 언제입니까?

"구하라 그리하면 너희에게 주실 것이요 찾으라 그리하면 찾아낼 것이요
문을 두드리라 그리하면 너희에게 열릴 것이니"(마 7:7)

    열렬한 기도의 세 번째 비결은 간절함이다. 일상에서 우리는 간절함과 열렬함을 비슷한 의미로 사용하기도 하지만, 기도의 세계에서 간절함과 열렬함은 서로 구분된다.

    기도의 열렬함이 맹렬하고 뜨거운 열정이라면, 간절함은 하나님께만 소망을 두고 매달리는 절실함이다. 그래서 열렬함 안에는 언제나 간절함이 있고, 지속적인 간절함은 열렬함을 불러온다. 이 둘은 서로 하나가 되어 능력 있는 기도 생활로 나아가게 한다.

    간절함이 기도에 반영되면 그리스도인은 사소한 기도 제목은 없다는 사실을 깨닫게 된다. 남들이 보기에는 사소한 문제도 그 기도자에게는 절실한 소원이기 때문이다. 절실하지 않으면 간절하게 기도할 수 없기에 사소한 기도 제목이란 있을 수 없고,

기도자는 결코 자신의 기도 제목을 객관적인 시선으로 바라볼 수 없다.

기도하기 전, 먼저 그 일에 대한 하나님의 마음을 깊이 느끼라. 하나님의 뜻이 무엇인지를 생각하며, 성령님의 인도를 구하라.

간절하게 기도하고 있는가? 우리가 간절히 기도할 때, 성령님께서는 그 기도를 통해 우리의 영혼을 정결하게 하신다. 그리고 땅의 것들에 붙어 있던 우리의 마음을 하늘을 향해 고양시키신다. "위의 것을 생각하고 땅의 것을 생각하지 말라"(골 3:2).

◆ **자기를 들여다보고 답하기**

> 간절하게 기도하는 것이 열렬한 기도의 세 번째 비결입니다.

## Question 91

# 열렬하게 기도하고 싶은 마음이 있습니까?

"내가 소리 내어 여호와께 부르짖으며
소리 내어 여호와께 간구하는도다"(시 142:1)

한 소년이 엄청나게 큰 돌을 옮기려고 갖은 애를 쓰고 있었다. 그것을 보고 있던 소년의 아버지가 말했다. "애야, 너의 모든 힘을 다 동원하거라." 소년은 다시 있는 힘을 다해 큰 돌을 밀었지만, 여전히 요지부동이었다. 아버지가 물었다. "정말로 네 모든 힘을 다 사용하였니?" 소년이 "네."라고 대답했을 때, 아버지는 이렇게 말했다. "아니야, 너는 아직 네가 쓸 수 있는 모든 힘을 사용하지 않았어. 너는 아직까지 이 아빠의 도움을 구하지 않았잖니?"

기도에 있어서 열렬함의 기원은 성령님이시다. 성령님께서는 우리가 열렬하고 간절하게 기도할 수 있도록 도우신다. 그러므로 열렬하게 기도하고 싶다면, 우리 내면이 성령님의 충만한 임재로 가득 차기를 구해야 한다. 열렬한 기도를 위한 우리의 노력은 수단일 뿐이다. 성령님께서 함께하심으로 죽었던 기도는 살아 있는 기도가 된다.

성령님께서 마음에 역사하시면, 이전에는 한없이 중요하게 여겨지던 것들이 덜 중요해진다. 대신 하나님의 뜻이 가장 중요하게 여겨진다. 기도하는 가운데 하나님을 사랑하게 되고, 존재와 가치의 질서를 다시 찾기 때문이다. 그래서 내 뜻보다는 하나님의 뜻이 이루어지기를 원하게 된다(마 26:39, 42). 깊고 열렬한 기도의 사람 중에 온전한 순종의 사람이 많은 이유는 바로 이 때문이다.

열렬해지기 원하는가? 성령님의 도우심을 신뢰하라. 그분의 도움 없이는 기도를 위한 모든 노력이 허사인 것처럼 여기며 하나님께 간절히 기도하라.

### ◆ 자기를 들여다보고 답하기

> 그러나 우리가 아무리 열렬하고자 애를 써도, 열렬함의 기원은 성령님이십니다.

## Question 92

# 기도 생활을 지속적으로 실천하고 있습니까?

"쉬지 말고 기도하라"(살전 5:17)

철근을 자르는 광경을 본 적이 있다. 산소 절단기에서 쏟아져 나오는 뜨거운 불길로 철근의 한 지점을 태우면 검은 쇠가 붉은 빛을 띠기 시작한다. 그래도 절단공은 눈을 떼지 않고 그 한 지점에 계속 불길을 쏟아붓는다. 드디어 벌겋게 변한 철근이 눈부신 빛을 내면서 녹아내리기 시작한다. 그래도 절단공은 움직이지 않고 계속 한 지점만을 겨냥해 불을 쏜다. 드디어 쇠가 물처럼 흘러내리면서 도저히 끊어 낼 수 없을 것처럼 보였던 엄청난 굵기의 철근이 두 토막 난다.

한 번에 수천 도의 열을 내는 산소 절단기라 할지라도 불꽃을 철근에 대다 말다 하면 철근을 잘라 낼 수 없다. 마찬가지로 우리 안의 죄를 죽이는 기도도 열렬함만으로는 부족하다. 지속적으로 꾸준히 기도하는 일이 필요하다. 다시 말해서 열렬한 기도를 계속 실천하여야 한다.

열렬히 기도하는 사람은 찰나의 기도로는 만족할 수 없다. 마치 사랑에 빠지면 사랑하는 그 사람과 오래도록 같이 있고 싶은 욕구를 절제하기 어려운 것처럼 말이다. 그러므로 어떤 의미에서 지속적인 기도는 하는 것이 아니라 되는 것이다.

변함없이, 꾸준히 기도를 실천하고 있는가? 삶의 상황이 변해도 요동함 없이 기도의 자리를 지키고 있는가? 기도 생활을 지속적으로 해 나가는 사람들의 공통점은 그들이 그리스도를 추구하는 사람들이라는 것이다. 복을 구하는 삶에서 그리스도를 구하는 삶으로 나아가라. 기도 시간이 즐거워질 것이다.

### ◆ 자기를 들여다보고 답하기

지속적으로 드려지는 열렬한 기도가 우리를 은혜 안에 있게 합니다.

# Question 93

## 기도 생활에 게으름이 스며들지 않았습니까?

"또 네가 참고 내 이름을 위하여 견디고
게으르지 아니한 것을 아노라"(계 2:3)

    죄는 기도를 죽이고 기도는 죄를 죽인다. 그러므로 열렬하게 기도하지 못하는 이유는 근본적으로 죄 때문이다. 이 죄는 실제적으로 우리의 생활에서 게으름으로 나타난다.

    많은 그리스도인들이 게으름은 연약한 것일 뿐 악한 것이 아니라고 생각한다. 그래서 죄는 게으름의 탈을 쓰고 우리의 경계심을 누그러트린 후, 마음에 침투한다. 마치 적군의 병사들이 아군의 복장을 하고 경비병들이 지키는 부대 정문을 유유히 통과하듯 말이다.

    그러나 게으름의 정체는 빗나간 자기 사랑이다. 여기서 '자기'는 부패한 본성을 가진 옛 자아이다. 구원과 함께 심겨진 새 본성은 하나님을 위해 열심히 봉사하며 살기를 원한다. 그러나 옛 본성은 여전히 자기가 왕이고 싶어한다. 그래서 하나님의 명령을 어기면서까지, 성령님을 근심하시게 하면서까지 자기 좋은 대로 살려 한다.

게으름은 자신이 원하지 않는 일은 하나님에 대한 명백한 불순종이 될지라도 결코 하지 않으려 하는 마음이다. 따라서 게으른 본성이 남아 있는 사람은 귀찮은 일들을 요구하는 하나님께 나태함으로 반항한다. 그들은 끊임없이 핑계를 댄다. "게으른 자는 말하기를 사자가 밖에 있은즉 내가 나가면 거리에서 찢기겠다 하느니라"(잠 22:13).

혹시 게으름으로 인해 기도 생활을 소홀히 하고 있는가? 육체의 게으름을 물리치자. 그러지 않으면 육체의 게으름은 영혼의 싫증과 손잡고 우리 마음에 얼마 남지 않은 기도의 불을 끌 것이다.

◆ **자기를 들여다보고 답하기**

지속적인 기도를 방해하는 것은 우리의 게으름입니다.

## Question 94

# 거룩한 생활의 습관이 형성되어 있습니까?

"예수께서 나가사 습관을 따라 감람산에 가시매
제자들도 따라갔더니"(눅 22:39).

누가복음은 예수님께서 잡히시기 전날 밤 기도하러 나가시던 장면을 이렇게 기록하고 있다. "예수께서 나가사 습관을 따라 감람산에 가시매 제자들도 따라갔더니"(눅 22:39).

여기서 '습관'은 지속적인 행함으로 몸에 밴 실천의 성향을 가리킨다. 예수님께서는 기도의 습관 속에서 사셨다. 이른 새벽부터 깊은 밤까지 쉴 틈 없이 말씀을 전하시고 영혼을 돌보셨기에 그분도 홀로 있는 시간이 되면 쉬고 싶으셨을 것이다. 그러나 그분에게 홀로 있는 시간은 대부분 기도하는 시간이었다.

우리의 육체는 거룩한 삶을 위한 의무들을 행하는 일에 호의적이지 않다. 그나마 은혜 안에 있을 때에는 조금 낫지만, 은혜로부터 멀어지면 적극적으로 신앙의 의무들을 실천하는 일을 거부한다. 그래서 우리는 지속적인 기도 생활을 위해 때로는 우리의 육체를 엄격하게 다룰 수 있어야 한다.

건강의 회복을 위해 육체를 배려하는 것과 게으름 사이의 차이는 쉽게 분별하기 어렵다. 그래서 아우구스티누스도 "그 둘 사이에서 저는 고통을 받나이다."라고 하였다. 육체를 지나치게 가혹하게 다룬다면 건강을 해칠 것이다. 그러나 철없이 아이처럼 응석을 부리고 고집을 피우는 육체에 끌려다닌다면 경건한 삶을 살 수 없을 것이다.

기도하는 것이 우리 일상에 습관처럼 자리 잡게 해야 한다. 경건한 습관은 은혜를 보존하는 용기(容器)이기 때문이다.

### ◆ 자기를 들여다보고 답하기

게으름을 물리치기 위해서는 우리의 육체를 채찍질하여 기도하고 말씀 보는 일이 습관처럼 우리 일상에 자리 잡게 해야 합니다.

## Question 95

# 예수님을 위해 희생하는 생활입니까?

"또 어떤 이들은 조롱과 채찍질뿐 아니라
결박과 옥에 갇히는 시련도 받았으며"(히 11:36)

육체를 엄격하게 다루는 일에는 한계가 있다. 어느 상황에 가면 강하게 저항하던 육체가 영혼에게 사정을 한다. "이렇게 괴로운 것이 신앙이야? 좋으신 하나님을 믿는 것이 이렇게 고통스러운 게 말이 돼?"

옛사람의 성품을 굴복시키고 거듭난 새 성품을 갖게 되는 길은 쉽지 않다. 복종하려 하지 않는 육체를 복종시키는 것은 힘들다. 그러나 그리스도의 고난을 묵상하면, 그 고통의 현실은 그리스도의 고난에 참여하는 것이 무엇인지 아는 기회가 된다(빌 3:10). 신앙은 현실 너머를 보게 하고, 믿음은 모든 상황에서 하나님을 바라보게 한다.

고통스러운 현실과 버거운 의무 사이에서 심한 갈등을 느낄 때 그리스도의 고난을 묵상하자. 그리스도인이 육체의 게으름과 결별할 수 있는 가장 좋은 방법은 예수님의 지상의 고난과 천상의 영광을 묵상하는 것이다.

성화에는 지름길이 없다. 쉽게 참된 신자가 될 수 있는 길은 모두 잘못된 길이다. 그런 편한 길이 있었으면 예수님께서 왜 우리에게 자기를 부인하고 자기 십자가를 지고 따르라고 하셨겠는가?(마 16:24)

예수 그리스도의 생애를 묵상하는 일은 우리에게 자기 희생을 위한 감화를 준다. 그래서 우리가 신앙의 길을 걸어가며 치르는 희생을 특권으로 여기게 만들어 준다. 우리의 삶에 예수님을 위한 희생이 있는가? 예수님이 아니었으면 절대 그렇게 애쓰지 않았겠지만, 예수님 때문에 기꺼이 애쓰는 일이 있는가?

### 자기를 들여다보고 답하기

게으름을 물리치기 위한 가장 좋은 방법은 예수 그리스도와 하나 되는 것입니다.

## Question 96

# 기도해도 차가운 거절감만 느껴지지 않습니까?

"주여 내게 은혜를 베푸소서
내가 종일 주께 부르짖나이다"(시 86:3)

한 성도가 기도에 관해 상담하러 왔다. 그는 이렇게 호소했다. "기도하려 해도 기도가 되지 않는데, 목사님은 설교에서 그럴수록 더 기도해야 한다고만 하십니다. 기도를 할 수 없어서도 괴롭지만, 기도를 해도 차가운 거절감만 느껴질 뿐이어서 더 괴롭습니다. 기도를 안 해도 괴롭고 기도를 해도 괴로우니, 대체 어떻게 해야 합니까?"

신자에게 기도가 잘 되지 않는 것은 큰 고통이다. 그러나 고통스럽다고 기도의 자리를 외면하기 시작하면, 얼마 가지 않아 그 고통스러운 마음까지 사라진다.

우리에게 다른 길은 없다. 잠시 이 힘든 상황을 모면해 보고 싶어, 기도를 대신할 다른 길을 선택한다면 기도에서 더 멀어지기만 할 것이다. 기도가 안 되는 것은 결국 기도로 해결해야 할 문제이다.

그러므로 기도하기 힘들 때, 먼저 마음을 따뜻하게 하라. 쉽게 읽을 수 있는 경건 서적이나 위인들의 전기를 읽는 것도 좋다. 마음을 따뜻하게 해줄 찬송이나 음악을 듣는 것도 유익하다. 은혜로운 설교에 귀를 기울이고, 말씀 가운데 작은 깨달음이라도 주어지면 붙잡고, 어떻게든 기도하고자 애를 쓰자. 힘들다고 미루면 더 힘들어질 뿐이다.

우리의 인생의 유일한 희망은 하나님이시다. 문제는 우리가 만들지만 해결하시는 분은 하나님이시다. 기도는 하나님께 해결을 간청하는 것이다. 하나님 이외에는 기댈 곳이 없음을 알자. 하나님께만 의지하고 있는가? 그렇다면 차가운 거절감만 느껴진다 하더라도 기도 못할 이유가 없다.

### ◆ 자기를 들여다보고 답하기

오직 하나님만 바라볼 뿐입니다.

## Question 97

# 나태한 삶에서 벗어나고 싶습니까?

"게으른 자는 마음으로 원하여도 얻지 못하나
부지런한 자의 마음은 풍족함을 얻느니라"(잠 13:4)

　생활의 태만과 기도의 태만은 함께 온다. 마찬가지로 기도의 치열함과 삶의 치열함도 함께 온다. 그러므로 정말 열렬하게 기도하고 싶다면, 열렬하게 살아야 한다.

　신앙을 이루는 요소들은 각기 떨어져 존재하지 않는다. 모든 것이 서로 연결되어 있다. 즉, 기도는 깊이 하는데 말씀은 잘 안 들린다거나, 자기 부인은 잘 하는데 나태한 삶을 산다는 것은 있을 수 없다. 만약 자신에게 그러한 일이 일어나고 있다고 생각된다면, 그것은 자신의 상태를 올바르게 판단하지 못하고 있기 때문이다.

　그리스도인이라면 누구나 뜨겁게 기도하고 싶다. 그러나 그렇게 능력 있는 기도 생활을 이어 가는 사람은 소수이다. 한순간의 간절한 기도는 오랜 시간 하나님 앞에서 살아온 치열한 삶의 울림이기 때문이다.

한 사람의 기도는 삶을 능가할 수 없고, 그의 삶은 기도를 넘어설 수 없다. 우리는 사는 것만큼 기도할 수 있고, 기도하는 것만큼 살 수 있다. 그래서 우리는 기도하기 위해 살고, 살기 위해 기도한다.

열렬한 기도는 언제나 하나님을 향해 열렬하게 사는 삶으로부터 나온다. 삶 없이 생각만 간절하지는 않은가? 삶이든 기도든 태만이 깃들기 시작하면 이내 부패로 흐른다. 삶의 모든 방면에서 태만해지지 않도록 스스로 경계해야 할 이유가 여기에 있다.

◆ 자기를 들여다보고 답하기

생활이 태만해지면 기도도 태만해집니다.

## Question 98

# 기도 속에서 형성된 성품입니까?

"이로써 그 보배롭고 지극히 큰 약속을 우리에게 주사
이 약속으로 말미암아 너희가 정욕 때문에 세상에서 썩어질 것을 피하여
신성한 성품에 참여하는 자가 되게 하려 하셨느니라"(벧후 1:4)

전쟁이 한창이던 어느 날, 한 병사가 병영 근처 숲에서 웅크리고 누군가를 향해 이야기하다가 붙잡혔다. 그는 기도하고 있었을 뿐이라고 했지만, 아무도 믿지 않았다. 그리고 즉시 적과 내통한 혐의를 받고 장교 앞으로 끌려갔다.

장교가 물었다. "정말 거기서 기도했는가? 언제 적이 공격해 올지 모르는 상황에서 어떻게 기도가 되는가?" 그는 "어떠한 상황에서든지 저는 매일 기도하였습니다."라고 대답했다. 그러자 장교는 다시 말했다. "그렇다면 지금 당장 기도해 보거라!" 병사는 무릎을 꿇고 기도를 시작하였고, 이내 깊은 기도의 세계로 들어가 자신의 마음을 쏟아 놓기 시작했다.

그가 기도를 끝내자 장교가 말했다. "네가 그때 기도하고 있었음을 확인했다. 평소 기도해 오던 사람이 아니라면, 결코 여기서 이렇게 기도할 수 없었을 것이다. 그리고 늘 기도해 오던

그리스도인인 너는 기도하지 않았는데 기도했다고 말하지 않을 것이다."

한 사람의 됨됨이는 그가 하나님 앞에 엎드렸을 때의 모습 이상도 이하도 아니다. 그리스도인은 기도한 만큼 그리스도인이 되고, 그리스도인이 된 만큼 산다.

간혹 기도를 많이 하는 사람은 아닌데 도덕적으로 바른 사람이 있다. 그러나 기도는 기도하는 사람을 도덕적인 사람이 되게 하는 것을 넘어 하나님의 형상을 닮아 가게 한다.

◆ **자기를 들여다보고 답하기**

한 사람의 됨됨이는 그가 하나님 앞에 엎드렸을 때의 바로 그 모습입니다.

Falling Away
from
Grace

이제는
삶으로 말해야 할 때입니다

## Question 99

# 그리스도와 함께 죽고 사는 삶입니까?

"우리가 항상 예수의 죽음을 몸에 짊어짐은
예수의 생명이 또한 우리 몸에 나타나게 하려 함이라"(고후 4:10)

한 사람의 성화는 성령님 안에서 분투하는 삶의 결과이다. 그리스도와 실제적으로 영적인 연합을 이루어 가며 맺는 열매이다. 겸손해지고 싶은 소원이 있다고 하자. 물론 그것을 위해 기도해야 한다. 그러나 겸손하게 되는 것은 단순히 기도가 응답되었기 때문이 아니다. 그런 기도를 드리면서 교만한 자신의 성품과 거기에 깃든 죄에 대항하여 치열하게 싸웠고, 성령님께서 그를 도우셨기 때문이다(엡 4:2-3).

성화는 우리의 옛 성품을 하나님의 사랑으로 순결하게 하시는 성령님의 역사이다. 신자를 거룩하게 하시는 성령님께서는 신자의 믿음과 순종을 사용하셔서 말씀으로 거룩하게 하신다. 그리고 성화의 결과인 순전한 사랑에 이르게 하신다.

성화는 매일매일의 삶이 쌓여 이루어진다. 매일 한 발짝씩 꾸준히 거룩해져 가는 삶은 사실 한순간 주님을 위해 죽는 것보다 더 어려운 일일 수도 있다. 그래서 사도 바울은 말한다. "형제들아 내가 그리스도 예수 우리 주 안에서 가진 바 너희에 대한 나의 자랑을 두고 단언하노니 나는 날마다 죽노라"(고전 15:31). 그리스도의 생명은 날마다 그분 안에서 죽는 자들에게 나타난다.

순교한 사람들은 모두 순생(殉生)의 삶을 살던 사람들이었다. 순생의 삶을 살지 못한 사람이 어찌 순사(殉死)의 삶을 살 수 있겠는가? 주님을 위해 사는 것은 주님을 위해 죽는 것만큼이나 어려운 일이지만, 예수님을 향한 사랑은 그것을 가능하게 한다.

### ◆ 자기를 들여다보고 답하기

성화는 기도 응답을 통해 단번에 주어지는 것이 아니라, 기도 가운데 끊임없이 죄를 죽임으로써 이루어집니다.

## Question 100

# 예수님을 닮아 가는 즐거움이 있습니까?

"하나님이 미리 아신 자들을
또한 그 아들의 형상을 본받게 하기 위하여 미리 정하셨으니
이는 그로 모든 많은 형제 중에서 맏아들이 되게 하려 하심이니라"(롬 8:29)

하나님께서는 우리를 예수 그리스도의 형상을 본받게 하기 위해 구원하셨다(롬 8:29). 예수님을 닮는다는 것은 단순한 행위의 모방이 아니다. 예수님의 광야 금식 기도나 제자들의 발을 씻기신 일을 그대로 따라한다고 그분을 닮는 것은 아니다. 예수님을 닮는다는 것은 그리스도의 성육신을 통해 보여주신 하나님과 참 사람의 성품을 닮아 가는 것이다.

아이는 정도의 차이는 있지만 부모의 모습을 닮는다. 하나님께서는 그리스도 안에서 태어난 우리가 그분을 닮기 원하신다. 우리가 그리스도의 정신을 품게 되기를 바라신다. 하나님 아버지를 사랑하시던 마음, 목자 잃은 백성들을 긍휼히 여기시던 성품을 우리는 본받아야 한다. 자기 부인과 순종, 사랑과 충성, 온유와 겸손 등을 우리도 가져야 한다.

우리가 은혜 안에 살아가기 원하는 것은, 그렇게 살아가야만

이룰 수 있는 소망이 있기 때문이다. 그 소망은 바로 예수님과 하나되는 삶을 사는 것이다. 그런 삶을 살아갈 때 우리는 인생의 끝자락에서 하늘의 소망이 실현되는 것을 경험할 것이다.

우리는 지금까지 100가지 질문들로 우리를 돌아보았다. 그리고 어떻게 해야 은혜로부터 멀어져 마음이 부패한 그리스도인이 되지 않을 수 있는지 생각해 보았다. 이는 단지 은혜 안에 살고 싶어서가 아니라 예수님을 닮아 가는 삶을 소망하기 때문이다.

사도 바울은 말한다. "내가 그리스도를 본받는 자가 된 것같이 너희는 나를 본받는 자가 되라"(고전 11:1). 이것은 자신의 인격이나 성품에 대한 자부심이 아니다. 그가 말하고자 하는 강조점은 '나를 본받는'이 아니라 '내가 그리스도를 본받는 자가 된 것'이다. 가장 큰 행복은 그리스도를 닮는 것이다.

### ◆ 자기를 들여다보고 답하기

> 예수님을 본받는다는 것은 그분의 성품과 인격을 삶으로 닮아 가는 것입니다.

## 사명선언문

너희가 흠이 없고 순전하여……세상에서 그들 가운데 빛들로
나타내며 생명의 말씀을 밝혀 _ 빌 2:15-16

**1. 생명을 담겠습니다**
만드는 책에 주님 주신 생명을 담겠습니다.
그 책으로 복음을 선포하겠습니다.

**2. 말씀을 밝히겠습니다**
생명의 근본은 말씀입니다.
말씀을 밝혀 성도와 교회의 성장을 돕겠습니다.

**3. 빛이 되겠습니다**
시대와 영혼의 어두움을 밝혀 주님 앞으로 이끄는
빛이 되는 책을 만들겠습니다.

**4. 순전히 행하겠습니다**
책을 만들고 전하는 일과 경영하는 일에 부끄러움이 없는
정직함으로 행하겠습니다.

**5. 끝까지 전파하겠습니다**
모든 사람에게, 땅 끝까지, 주님 오시는 그날까지
복음을 전하는 사명을 다하겠습니다.

## 서점 안내

**광화문점**   서울시 종로구 새문안로 69 구세군회관 1층
02)737-2288 / 02)737-4623(F)

**강남점**    서울시 서초구 신반포로 177 반포쇼핑타운 3동 2층
02)595-1211 / 02)595-3549(F)

**구로점**    서울시 동작구 시흥대로 602, 3층 302호
02)858-8744 / 02)838-0653(F)

**노원점**    서울시 노원구 동일로 1366 삼봉빌딩 지하 1층
02)938-7979 / 02)3391-6169(F)

**분당점**    경기도 성남시 분당구 황새울로 315 대현빌딩 3층
031)707-5566 / 031)707-4999(F)

**일산점**    경기도 고양시 일산서구 중앙로 1391 레이크타운 지하 1층
031)916-8787 / 031)916-8788(F)

**의정부점**   경기도 의정부시 청사로47번길 12 성산타워 3층
031)845-0600 / 031)852-6930(F)

**인터넷서점** www.lifebook.co.kr

Falling Away
from
Grace

# 은혜에서 미끄러질 때

김 남 준

**김남준** 현 안양대학교의 전신인 대한신학교 신학과를 야학으로 마치고, 총신대학교에서 목회학 석사와 신학 석사 학위를 받았으며, 신학 박사 과정에서 공부했다. 안양대학교와 현 백석대학교에서 전임 강사와 조교수를 지냈다.

1993년 **열린교회**(www.yullin.org)를 개척하여 담임하고 있으며, 현재 총신대학교 신학과 조교수로도 재직하고 있다. 저자는 영국 퓨리턴들의 설교와 목회 사역의 모본을 따르고자 노력해 왔으며, 아우구스티누스를 비롯한 보편교회의 신학과 칼빈, 오웬, 조나단 에드워즈와 17세기 개신교 정통주의 신학에 천착하면서 조국교회에 신학적 깊이가 있는 개혁교회 목회가 뿌리내리기를 갈망하며 섬기고 있다.

주요 저서로는 **1997년도 기독교 출판문화상**을 수상한 『예배의 감격에 빠져라』와 **2003년도 기독교 출판문화상**을 수상한 『거룩한 삶의 실천을 위한 마음지킴』, **2005년도 기독교 출판문화상**을 수상한 『죄와 은혜의 지배』, **2015년도 기독교 출판문화상**을 수상한 『가슴 시리도록 그립다, 가족』을 비롯하여 『깊이 읽는 주기도문』, 『인간과 잘 사는 것』, 『교회와 그리스도의 남은 고난』, 『신학공부, 나는 이렇게 해왔다 제1권』, 『기도 마스터』, 『내 인생의 목적, 하나님』, 『십자가를 경험하라』, 『그리스도인은 누구인가』, 『그리스도는 누구이신가』 등 다수가 있다.


은혜에서 미끄러질 때

ⓒ 생명의말씀사 2019

2019년 1월 30일 1판 1쇄 발행
2019년 4월 17일     3쇄 발행

펴낸이 | 김재권
펴낸곳 | 생명의말씀사

등록 | 1962. 1. 10. No.300-1962-1
주소 | 서울시 종로구 경희궁1길 5-9(03176)
전화 | 02)738-6555(본사) · 02)3159-7979(영업)
팩스 | 02)739-3824(본사) · 080-022-8585(영업)

지은이 | 김남준

기획편집 | 태현주, 김정주
디자인 | 조현진, 윤보람
인쇄 | 영진문원
제본 | 정문바인텍

ISBN 978-89-04-16649-7 (04230)
ISBN 978-89-04-70051-6 (세트)

저작권자의 허락없이 이 책의 일부 또는 전체를
무단 복제, 전재, 발췌하면 저작권법에 의해 처벌을 받습니다.